# 黒田官兵衛 その生涯

不破俊輔

Fuwa Shunsuke

A Life of Kuroda Kanbeh

# 黒田官兵衛　その生涯

黒田官兵衛　その生涯――目次

## 第三章　水攻めの奇策と中国大返し



## 第四章　秀吉の天下統一

## 第五章　朝鮮出兵と如水円清《じょすいえんせい》

第八章　晩年そして死



第九章　逸話および遺訓

# 凡例

一、年月日は旧暦で統一し、（　）内は西暦を記しました。旧暦と新暦（現行暦）の季節の違いは大雑把に言って旧暦にひと月足せばほぼ新暦の季節となります。

一、（　）内の地名は現在の地名を記しました。

一、人物名は便宜上通称で統一しました。とくに万吉・孝高《よしたか》・如水《じょすい》を官兵衛に統一しました。

一、漢字は新漢字に統一しました。固有名詞も同様にしました。

一、年齢はなるべく数え年でまとめました。

一、不適正用語を使用している部分がありますが、歴史上の用語としてお許しください。

装丁：常松靖史［TUNE］

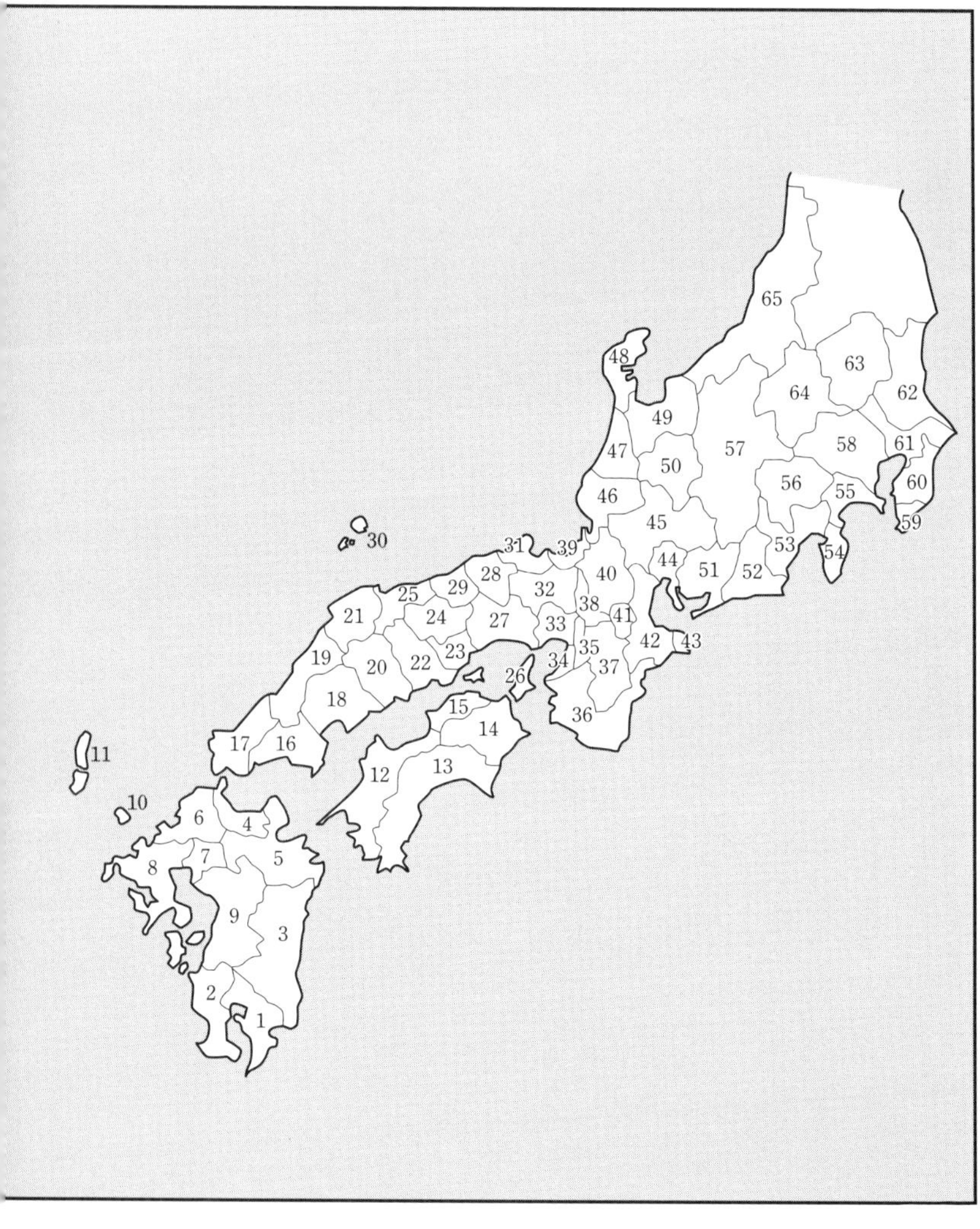
1
2
3
4
5
6
7
8
9
10
11
12
13
14
15
16
17
18
19
20
21
22
23
24
25
26
27
28
29
30
31
32
33
34
35
36
37
38
39
40
41
42
43
44
45
46
47
48
49
50
51
52
53
54
55
56
57
58
59
60
61
62
63
64
65

## 旧国名図

| | | | | | |
|---|---|---|---|---|---|
| 1 | 大隈 | 23 | 備前 | 45 | 越前 |
| 2 | 薩摩 | 24 | 美作 | 46 | 加賀 |
| 3 | 日向 | 25 | 伯耆 | 47 | 能登 |
| 4 | 豊前 | 26 | 淡路 | 48 | 越中 |
| 5 | 豊後 | 27 | 但馬 | 49 | 飛騨 |
| 6 | 筑前 | 28 | 因幡 | 50 | 三河 |
| 7 | 筑後 | 29 | 隠岐 | 51 | 遠江 |
| 8 | 肥前 | 30 | 丹後 | 52 | 駿河 |
| 9 | 肥後 | 31 | 丹波 | 53 | 相模 |
| 10 | 壱岐 | 32 | 摂津 | 54 | 伊豆 |
| 11 | 対馬 | 33 | 和泉 | 55 | 相模 |
| 12 | 伊予 | 34 | 河内 | 56 | 甲斐 |
| 13 | 土佐 | 35 | 紀伊 | 57 | 信濃 |
| 14 | 阿波 | 36 | 大和 | 58 | 武蔵 |
| 15 | 讃岐 | 37 | 山城 | 59 | 阿波 |
| 16 | 周防 | 38 | 若狭 | 60 | 上総 |
| 17 | 長門 | 39 | 近江 | 61 | 下総 |
| 18 | 安芸 | 40 | 伊賀 | 62 | 常陸 |
| 19 | 石見 | 41 | 伊勢 | 63 | 下野 |
| 20 | 備後 | 42 | 志摩 | 64 | 上野 |
| 21 | 出雲 | 43 | 尾張 | 65 | 越後 |
| 22 | 備中 | 44 | 美濃 | | |

## 黒田家 家系図

六代
高政《たかまさ》
官兵衛の曽祖父

七代
重隆《しげたか》
官兵衛の祖父

八代
職隆《もとたか》
官兵衛の父
後に小寺姓を称す

九代
官兵衛《かんべえ》
名を孝高《よしたか》
号は如水《じょすい》
黒田姓に復す

十代
長政《ながまさ》
官兵衛の子
筑前福岡藩初代藩主

# 第一章　生い立ちと初陣



## 生い立ち

官兵衛《かんべえ》は天文《てんぶん》十五年（一五四六）十一月二九日辰の刻（午前八時頃）、姫路《ひめじ》城に生まれた。父は職隆《もとたか》（二三歳）で、母は明石城主明石宗和（正風《まさかぜ》）の娘いわ（十六歳）である。官兵衛は幼名万吉と名づけられた。ただそのとき官兵衛は黒田《くろだ》姓ではなく小寺《こでら》姓であった。領主小寺政職《こでらまさもと》から父が小寺姓を賜っていたからである。

官兵衛が生まれたときに慶雲（めでたい前兆の雲）が城の上にたなびき、瑞雪《ずいせつ》（豊年のきざしとなる雪）がしきりに降っていたというが、新暦でいえば十二月二二日だからあるいは天気の悪い日だったのかもしれない。

この頃の姫路城は今の姫路城とちがって大きな城ではなかった。むしろ館《やかた》と言ったほうが似つかわしいかもしれない。げんに本城は御着《ごちゃく》城といって姫路城より一里（四キロメートル）ほど東にあり、姫路城はその端城《はじょう》（支城・出城・属城）であった。御着城主は小寺政職である。父職隆は姫路城の城代で領主小寺《こでら》家の家老でもある。

官兵衛は七歳のとき、近くの浄土宗の僧円満《えんまん》について学問を習ったが、わんぱく者で学問よりも槍や刀の合戦ごっこのほうに夢中だった。家臣の子供たちといくさごっこをするのだが、その戦いを演出するのはいつも官兵衛の役だった。城代の子という立場もあったが、官兵衛はこの頃から指導力があった。仲間をふた手に分け、小旗がわりに木の枝を背に差し込み、雑木の中に敵味方を散りばめ、遭遇させ、戦わせるのだった。毎日が合戦で明け暮れた。

大人の目を盗んで仲間と姫山にある本丸の城頭に忍び上ると、眼下には播磨《はりま》平野や飾磨津《しかまつ》・播磨灘が広がっていて、天気の好い日など、海面が陽を反射して白く光るのであった。正面には四国、右手には小豆島《しょうどしま》、左手には淡路島が灘を囲んでいて、その中を帆船が白い蝶のように点在している。官兵衛はこの城頭から見る景色が大好きだった。

永禄二年（一五五九）十一月、十四歳で母を失った。弟小一郎（利高・兵庫助）と二人の妹が残った。ちょうど思春期だった官兵衛には母の死は衝撃だった。優しい母だった。官兵衛に読書や和歌を教えてくれた。母の死は官兵衛の人生の大きな転機となった。自分の死、身内の死について考えるようになった。

官兵衛は亡き母を慕って本を読み、文章を書くようになった。「三代集」をはじめ、母が多くの和歌の本を残していったからだ。母の父明石宗和は関白近衛稙家《たねいえ》に和歌を指導したほどの歌人であったこともあり、官兵衛は文学的才能を母方より受け継いでいた。官兵衛は和歌を作って寂しさを紛らわすことが多くなった。

そんな官兵衛を見て、父と円満が心配した。この戦国の世を生き抜くためにはなんとしても武芸に長じていなければならない。職隆の意を受けて円満は官兵衛を諌《いさ》めた。文弱になってはいけないということであった。官兵衛はその諫言《かんげん》を素直に聞き入れて、読書を和歌集から兵書に変え、武芸に精を出した。

このように、官兵衛は兵法を書に学んだ。武経七書《ぶけいしちしょ》、とくに「孫子《そんし》」は繰り返し、繰り返し読んだ。武芸の実技よりはるかに面白かったのである。兵書のほかに、官兵衛の愛読書は「史記」「三国志」「平家物語」「太平記」などの歴史書・戦記物になっていった。劉邦《りゅうほう》と張良《ちょうりょう》、劉備《りゅうび》と孔明《こうめい》の関係などは非常に興味があった。官兵衛は軍師としては孔明よりも張良のほうが好きだった。

城から見る景色はあいかわらず好きだったが、この頃になると官兵衛は意識的に景色を眺めた。あれが四国、淡路島の向こうが京・大坂、小豆島のはるか向こうが中国・九州。官兵衛の意識は早くも全国に雄飛していたのだった。

永禄四年（一五六一）、官兵衛十六歳のとき、姫路城に領主の小寺政職（四五歳）が訪れた。父職隆が姫路城を増築したのでその出来具合を見にきたのである。官兵衛は父に命ぜられて小寺政職の接待役を務めた。その官兵衛の如才のない務めぶりにすっかり気に入った政職は官兵衛を本城に連れていき、近習として取り立てた。禄は八十石であった。

待ちに待った初陣はその翌年（永禄五年）、十七歳のときだった。近くの土豪との戦いであった。しかしこれはさしたる戦いではなく、実質の初陣は永禄十二年（一五六九）の青山・土器山《かわらけやま》の戦いまで待たなければならなかった。

十九歳のとき元服し、万吉から孝高《よしたか》と改称した。通称が官兵衛で、本名が孝高である。この年、祖父重隆《しげたか》が亡くなった。重隆は黒田の基礎を築いた人物だった。

永禄八年（一五六五）、生涯の忠臣、栗山四郎右衛門《くりやましろうえもん》（善助・利安《としやす》・備後守《びんご》）が官兵衛のところに出仕した。姫路の近郷にいた郷士の子である。親方の赤松政秀《あかまつまさひで》（播磨国龍野城城主）は頼りにならないと子供ながらにも思い、黒田がよい、と世間の噂を聞き、官兵衛のところに来て仕官を願い出たのだ。四郎右衛門十五歳の夏のことであった。四郎右衛門は実直で忠義に厚い男だった。

そのうちに父の後妻の神吉《かんき》氏や母里《ぼり》氏には官兵衛の腹違いの弟甚吉（修理亮《しゅりすけ》）と総吉（図書助《ずしょのすけ》・直之《なおゆき》）が生まれた。これにより官兵衛の身内の家臣としては実弟の小一郎を先頭に三人の弟が官兵衛を支えていくことになったのである。

永禄十年（一五六七）、官兵衛（二二歳）は播州志方《しかた》城（加古川市志方町）城主櫛橋伊定《くしはしこれさだ》の女《むすめ》・光《てる》の方（十五歳）を娶《めと》った。この女《むすめ》は小寺政職の姪でもあった。評判の美人で、また聡明だった。官兵衛は生涯この女性だけを愛した。

この婚姻を機に、官兵衛は父（四四歳）から家督と姫路城代職と家老上席職を受け継

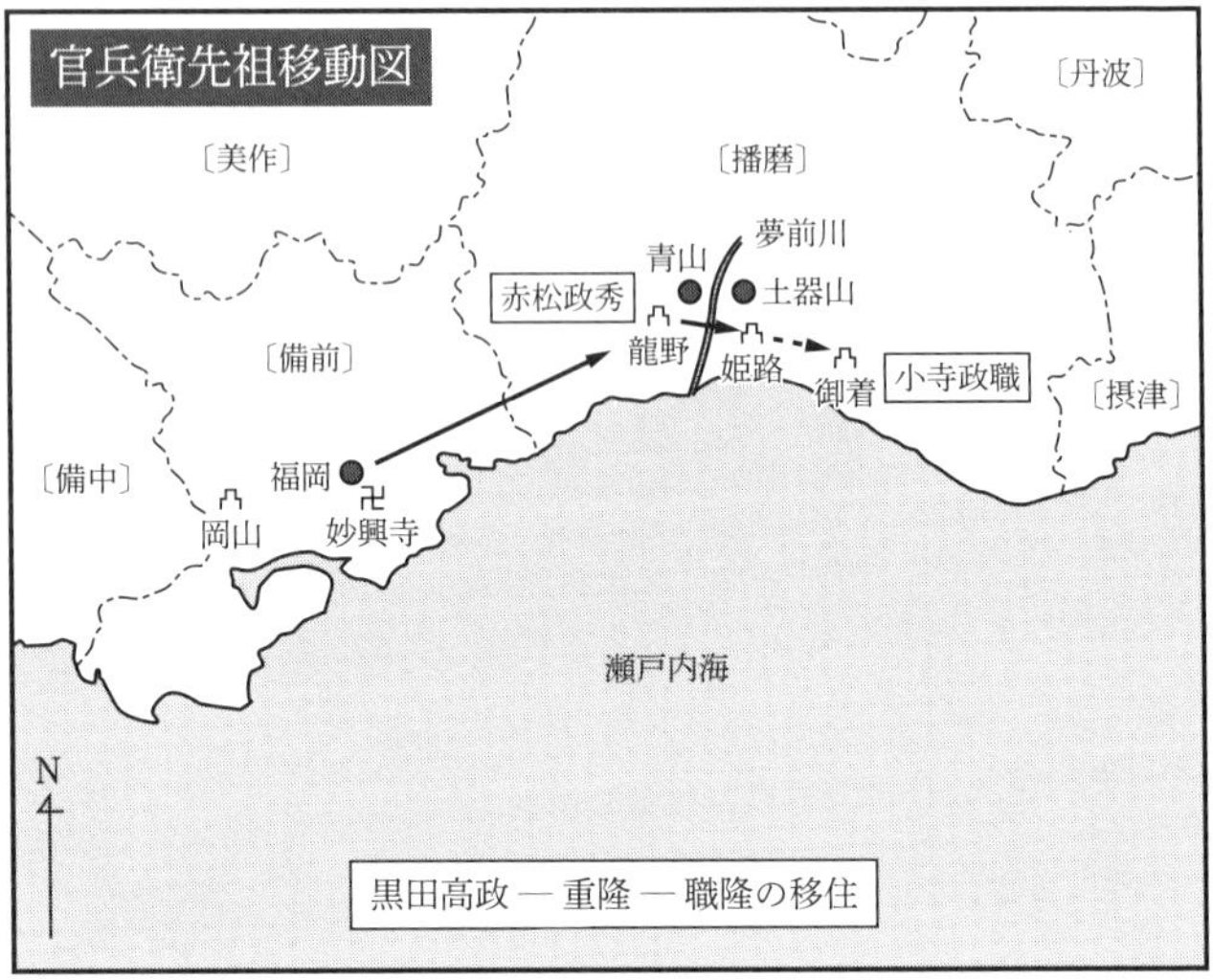


いだ。代々、早くに息子に家督をゆずる美風が黒田家にはあった。家を守るにはそれが最上な方法なのだが、息子がそれに応える人物でなければならない。その点、黒田家の息子たちは粒ぞろいだった。

永禄十一年、官兵衛二三歳のときに嫡子長政《ながまさ》が姫路城で生まれた。筑前福岡藩初代藩主となる人物である。童名は松寿《しょうじゅ》丸《まる》である。

永禄十二年（一五六九）五月、青山・土器山《かわらけやま》の戦いが生じた。この戦いは官兵衛の実質の初陣であったが、一方の旗頭でもあった。

## 【官兵衛の先祖】

官兵衛の先祖のことを簡単に記しておく。

黒田家はもともと宇多源氏から出た家系というが、それは省略する。ただその末裔《まつえい》が近江蒲生《がもう》郡佐々木ノ荘《しょう》（滋賀県近江八幡市安土町安土駅付近）に移り住み、その後は名を佐々木氏と称した。その佐々木ノ荘、つまり佐々木氏はのちに近江の南北に分かれ、南の地は六角氏が領し、北の地は京極氏が領した。黒田家はその京極氏に連なり、官兵衛から九代前の黒田宗清《むねきよ》が伊香《いか》郡黒田村（滋賀県長浜市木之本《きのもと》町黒田）に移り住んだ。これが黒田家の初代である。


黒田高政《たかまさ》は官兵衛の曽祖父。

高政もその黒田村に生まれたが、高政のときに親族を頼ってとうじ山陽地方随一の商業都市として栄えていた備前国邑久《おく》郡福岡《ふくおか》（岡山県瀬戸内市長船町《おさふねちょう》福岡）に流れてきた。嫡男重隆は四歳であった。

高政は永正八年（一五一一）の船岡山合戦《ふねおかやま》（足利義澄《よしずみ》と足利義稙《よしたね》の権力争い）に六角方（義稙方）として参戦したが、六角高頼《たかより》の命に背いて抜け駆《が》けしたことから将軍足利義稙の怒りを買った。危うく殺されるところだったが、宗家《そうけ》の京極氏の嘆願によって命だけは助かった。しかしもう黒田村にはいられなくなり、親戚を頼って福岡に流れてきた。

この長船町の長船地区や福岡地区などは、古くから刀鍛冶《かじ》が多く、刀剣が盛んに生産されたところで、備前長船《びぜんおさふね》の刀として有名だ。大永《だいえい》三年（一五二三）死。

黒田重隆《しげたか》は官兵衛の祖父。

重隆が十五歳のとき高政が亡くなり、そのときにはひと振りの太刀と一領の甲冑《かっちゅう》が残されていただけだった。

大永五年（一五二五）、十七歳のとき、福岡が赤松家とその家臣浦上家との政争の地となり、重隆は安住を求めてまず龍野《たつの》に移ってきた。はじめ龍野城（兵庫県たつの市龍野町）城主赤松政秀《まさひで》に仕えたが守護大名家にもかかわらず赤松はもう往年の力がなく、重隆は早々に見切りをつけ、姫路に出た。姫路では竹森新右衛門《たけもりしんべえ》という大きな百姓家の世話になり、そこの空家を借りて住んだ。ある日、姫路の広峯《ひろみね》神社（広峯《ひろみね》牛頭《ごず》天王《てんのう》、兵庫県姫路市広嶺山）に参詣《さんけい》した際に井口《いのくち》という神主から、祈祷札《きとうふだ》を配るときの添え物として何かないか、という提案を受けた。そのとき気転が利く重隆は、黒田家に伝わる目薬を調合してそれをお札《ふだ》に付けたら、とその提案に応えた。目薬を添えて祈祷札を配ったのだ。すると供物料（初穂料）がどんどん入ってきたのである。

この目薬「玲珠膏《れいしゅこう》」は蛤《はまぐり》の殻を容器とした軟膏で、以来、妙薬として広まり、黒田家には目薬を求める者が集まってきた。重隆は商才があったのか、その豪農竹森家の融資も得て、たちまち長者となった。やがて田畑を買い、新田をつくり、大地主となり、小作をたくさん雇い、無担保・利息二割で金貸しもはじめた。当時の利息の相場は四、五割だったので、ほかよりかなり安い利息だったから、借りる者が多かった。

さらに、これはと思う者には利息の代わりに長屋に住まわせて家来とした。

多くの有能な者が家来となり、その数は二百人ほどになった。黒田氏は小豪族としてしだいに勢力を広げていった。

豪農の竹森新右衛門はこう言って、重隆と主従の契《ちぎ》りを交わした。

「あなたはこちらに来たときから普通の人には見えなかった。さだめし由緒正しいお人なのでしょう。また御子息の甚四郎殿もこれまた普通のお人ではなく、これからは私はあなたたちを主人と思うので、どうか今晩より本家にお住みください。私が空家のほうに移ります」

重隆は恐縮して申し出を断ったが、竹森新右衛門はきかなかった。

当時、この播磨《はりま》近辺でもっとも勢力を持っていたのは赤松氏の一族である御《ご》着城《ちゃくじょう》（姫路市御国野町御着）の小寺《こでら》氏であった。播磨は西（西播《せいばん》）がこの小寺氏、東（東播《とうばん》）は三木城の別所氏が一頭地抜きん出ていた。播磨のほかの豪族はこの両者の影響下にあった。

もともと近江で豪族の家系にあった重隆は商人だけで終わるつもりはなかった。土豪、そして国主への大いなる野望があった。とはいうもののいきなり土豪として独立するわけにはいかない。どこかの傘下に入らなければたちまちつぶされてしまうことは目に見えている。そこで重隆は息子の満隆《みつたか》と相談した結果、とうじ勢いのあった小寺氏への服属を決め、満隆が御着城主小寺政職《まさもと》に会って仕官を請うたところ、受け入れられた。

ただ、単なる直属の家臣として仕官することは父子《おやこ》ともに考えていなかった。小寺氏の客将として遇されたいとの野心を持っていた。京極系の土豪であった高政以前の黒田家に復する悲願が父子の間にあったのである。そのためにはどうしたらよいか。

父子は話合って、とうじ小寺領を荒らしまわっていた香山城《こうやま》（兵庫県たつの市新宮町香山）の城主香山重道を攻め討ち、その首を手みやげに小寺に帰服しようと決めたのである。

天文十二年（一五四三）、暮れも押し迫った十二月二九日、父子と二百人の家臣はいきなり香山城を襲った。大みそかの予期しない攻撃に香山重道はなすすべもなく首を取られてしまった。父子は香山の首と土地と財宝を手みやげにして小寺の客将となっていったのである。

そのうち満隆は重用され、姫路城の城代となった。父高政と重隆が近江を出奔《しゅっぽん》してから三四年目にやっと旧に復するまでになったのである。のちに息子の満隆と孫の官兵衛はその世話になった百姓竹森新右衛門と神主井口家の子孫を家臣として優遇した。永禄《えいろく》七年（一五六四）二月六日死、五七歳。


黒田職隆《もとたか》（甚四郎・満隆《みつたか》・宗円）は官兵衛の父。

大永四年（一五二四）、備前国邑久《おく》郡福岡に生まれる。御着城主小寺政職（一八歳）に仕えたのは満隆十九歳のときである。政職は満隆をすぐ家老にしたかったが、他の家老たちが嫉妬し、不満を言うのを考慮して、まず、天文十四年（一五四五）、傘下の明石城主明石宗和（正風《まさかぜ》）の娘を自分の養女とし、それから満隆に娶《めと》らせた。そのとき満隆に小寺の姓を与え、小寺職隆《こでらもとたか》と改名させた。このことによって他の家老たちの嫉妬もやわらいだ。職隆は結婚と同時に家老職となり、十五人の家臣とともに播州姫路に移り、姫路城代家老となった。

職隆は城下に百間長屋を建てて貧しい者や下級武士・職人・行商人などを住まわせた。のちに彼らを配下に組み入れたり、そこを情報収集の場所にしたりした。永禄七年（一五六四）には、浦上政宗の息子浦上清宗と職隆の娘の婚姻を実現させるが、その宴席中にかつての浦上家の主家である赤松政秀の奇襲で浦上親子ともども娘を殺され、職隆と官兵衛は政秀と対立した。永禄十年（一五六七）、職隆は息子の官兵衛に家督を譲り、姫路城の南東に位置する国府山《こうやま》城に隠居し、宗円と称した。官兵衛が荒木村重《あらきむらしげ》に捕われの身となったとき（後述）には家臣と協議を重ね、姫路城を守った。後にその人柄のため秀吉に好かれ、隠居後も姫路城の留守を任された。天正《てんしょう》十三年（一五八五）八月二二日死。六二歳。

## 初陣と青山・土器山《かわらけやま》の戦い

永禄十二年（一五六九）五月、播磨龍野の城主赤松政秀《あかまつまさひで》が三千人余の兵をもって姫路城に攻めてきた。官兵衛は防備の悪い姫路城を出て、三百の兵で姫路の西一里のところの青山（姫路市青山）に陣をとった。青山は姫路と龍野の中間のやや姫路側にある。その青山で官兵衛は奇襲攻撃をかけ、赤松を排撃した。この戦いで官兵衛の名は一躍有名になった。

しかしながら青山の勝利は一時的な勝利に過ぎず、同年六月、赤松政秀はふたたび三千の兵を率いて青山に布陣した。対する黒田軍は夢前川《ゆめさきがわ》東岸にある土器山（瓦山、姫路市下手野《しもての》）に陣を張った。

今度は先手を打ったのは政秀のほうで、夜闇《やあん》に乗じて土器山を奇襲した。御着からきた小寺軍は遁走し、官兵衛も手兵百五十を指揮して対抗したが、多勢に無勢、危機に陥った。父の職隆は井出友氏（職隆弟）・黒田兵庫助《くろだひょうごのすけ》（官兵衛弟）らに官兵衛を救援させたが、逆襲を受け、母里小兵衛（職隆いとこ）・井出友氏が戦死するなど、窮地に立たされた。

だがここで赤松政秀と対立していた英賀城《あが》（姫路市英賀宮町）城主の三木通秋《みちあき》が二百八十の兵を率いて到着し、南から政秀軍を突撃した。父職隆も赤松軍の背後を突き、政秀は退路を絶たれるのをおそれて早々と青山の本陣へと帰陣し、官兵衛は危機を脱した。

官兵衛軍の被害は甚大で、生き残った者も無傷のほうが少ないという惨状だった。しかしその晩、官兵衛はあえて夜襲の命令を下した。敵は昼の戦いに勝って油断していると判断したからだ。昼の戦いで体に七カ所の傷を負った母里武兵衛（小兵衛の子）はこの命令に、「これ程の傷を負った者に出撃せよとは死ねということか、それならばいさぎよく死んでみせよう」と官兵衛に反発をしながらも覚悟を決めた。

官兵衛の隊が先鋒、職隆の隊が殿《しんがり》という布陣で父子《おやこ》は青山の政秀の陣を強襲した。昼の勝利で油断していた赤松軍はたちまち大混乱に陥った。このとき、母里武兵衛は先頭を切って赤松軍に斬りかかり、奮戦の末に七本の槍に貫かれて戦死した。黒田軍は逃げる赤松軍を揖保《いぼ》郡太子町まで執拗に追撃し、数多くの首をとった。

この敗戦で赤松軍は壊滅的な状態となって龍野城へと戻った。一方で黒田軍も死者・

負傷者の数が合わせて二八七人になるなど、五体満足な者はいないといった状態だった。

このいくさで母里一族は二四人もの戦死者を出し、後を継ぐものがいなくなってしまったが、功労者たる母里家が絶えるのを惜しんだ官兵衛は、小寺の付家老として職隆に仕えた曽我一信と母里氏の女との間に生まれた子に母里姓を与え家督を継がせた。これが母里太兵衛《もりたへえ》である。


この年、こうして例の「黒田節」で有名な母里太兵衛（万助・友信・但馬守）が官兵衛のところに仕えた。十四歳であった。のちに後藤又兵衛《ごとうまたべえ》とならんで黒田家の豪傑の代表的な人物となった。太兵衛は栗山四郎右衛門と義兄弟の契《ちぎ》りをむすび、それは生涯切れることはなかった。母里太兵衛は豪傑であったが個性的な性格だったので、温厚で篤実な栗山四郎右衛門と添わせることによって太兵衛を飼い馴らすことができた。それは官兵衛の意図したところのものでもあった。

この頃、官兵衛の三重臣のひとり井上九郎右衛門《いのうえくろうえもん》（弥太郎・之房《ゆきふさ》・周防《すおう》守）も姫路城に仕官した。九郎右衛門は職隆が取り立てた家臣である。九郎右衛門が五十近くになるまで合戦に遭わなかったのは宗円（職隆）の小姓生活が長かったせいだ。宗円が死に際《ぎわ》に、「この男は人物である。引き立てて使ってみてほしい。のちには重宝となるから」と遺言した。宗円の眼力は違わず、そのうちに九郎右衛門はなくてはならぬ家臣となった。

【黒田節】

「黒田節」は、文禄・慶長の役（朝鮮戦役）の休戦中の際の出来事に由来する。京都伏見城に滞留中の福島正則《まさのり》のもとに、黒田長政の使者として遣わされた母里太兵衛は、正則の屋敷で酒を勧められる。太兵衛は家中でも「フカ」と言われるほどの酒豪の者であったが、使者であるからそれを固辞した。しかし本人も酒豪である正則は「飲み干《ほ》せたならば好きな褒美をとらす」としつこく勧め、さらには「黒田武士は酒に弱い、酔えば何の役にも立たぬ」などと家名をおとしめる発言をした。

そこで太兵衛はあえて勧めを受けて大盃になみなみと注がれた数杯の酒を一気に呑み干した。そして褒美として、正則が豊臣秀吉から拝領した名槍《めいそう》「日本号」を所望した。正則は意表を突かれ残念だったが、「武士に二言はない」という言葉を守り褒美に差し出したのだった。

黒田武士の男意気を示すこの逸話が、越天楽《えてんらく》（筑前今様）の節回しとともに「黒田節」として日本全国に広まった。

# 第二章　信長との約束

## 信長に会う

天正三年（一五七五）官兵衛三十歳

六月の御着城。小寺政職は家老たちを集めて、これからは誰と組むか、と評定した。政職は織田信長方の蜂須賀小六《はちすかころく》（正勝）と荒木村重《あらきむらしげ》から信長に与力（味方）するよう調略（説得）を受けていたのだ。官兵衛が意見を述べた。

「私は織田信長が天下人《びと》となると存じます。

駿河《するが》の今川は滅び、武田信玄も亡くなりました。小田原の北条、阿波《あわ》の三好は勢いがすでに衰えております。遠江《とおとうみ》の徳川家康は家臣は優秀ですが、国（領地、以下全部同じ）

が小さい。越後の上杉謙信は遠国過ぎて京に上ることは難しい。そうであればいま天下を争う大名は安芸《あき》の毛利輝元《てるもと》と美濃《みの》の織田信長の二人です。

毛利輝元はその祖父元就《もとなり》の二男吉川元春《きっかわもとはる》、三男小早川隆景《こばやかわたかかげ》が支えており、二人とも優れた人物ですが輝元自身が天下を狙う器ではございませぬ。その上、安芸にばかりひきこもり、戦って領土を広げる気がないので、配下の領主が離れていっております。

信長は尾張半分しか領土を持っておりませぬが、桶狭間《おけはざま》にて三千の兵で四万の今川兵を破ってしまいました。斉藤道三《さいとうどうざん》は美濃国を娘婿の信長に譲ってしまいました。

越前の浅倉義景《あさくらよしかげ》、浅井長政《あさいながまさ》も信長に滅ぼされてしまいました。この五月二一日、信長は三河長篠《ながしの》において武田勝頼《たけだかつより》を破りましたので関東には信長に対抗する者がおりませぬ。したがいまして、天下を狙うのは信長しかおらぬと存じます」

官兵衛がそう語ると、小寺政職はじめふだん口うるさい小河《おごう》三河守や江田善兵衛らの家老も、もっともだ、と言い、小寺は信長の傘下に入ることを決めた。青山・土器山《かわらけやま》の戦いのときに赤松政秀のうしろについていたのが織田信長なので、すこしタイミングを間違えれば小寺は手痛い目に遭っていた。もうそのような思いをしたくなかったのだ。

そこで、誰が信長のところに行くか、という話になると、行くという者がいない。官兵衛が進み出て、こう言った。

「譜代の臣ではありませぬが、それがしが参ろうと存じます」

すると政職は非常に喜び、官兵衛を信長のいる岐阜に遣わせた。

その年の七月、官兵衛は家臣三人を伴い岐阜城に赴いた。岐阜城（稲葉城、岐阜市金華《きんか》山《ざん》天守閣）は金華山の頂上にあり、眼下には岐阜の町田や長良川がきらめく鱗のように広がっていた。まず窓口であった羽柴秀吉に会い、御着城内評定の結論を話した。秀吉は非常に愛想がよく、如才がなかった。小柄で、視線や動作がせわしなく動く男だった。

官兵衛は広間に案内され、信長じきじきに話すことになった。信長は背が高く、色白で端正な顔立ちの男だった。評判の癇性はみじんも覗わせない。信長に官兵衛は言った。

「中国を御征伐なさろうと思召なされるのでしたら、どうか御家臣のうちでしかるべき大将を播磨へお下しください。もしそうしていただけましたら、小寺が先陣をつかまつりたくお願い申し上げます。

中国より上方《かみがた》に上る道はふた筋ございます。一筋は山越にて道が険しゅうございます。

姫路の道筋は平地でございます。ことに姫路は諸国への通路でございますので、中国をおさえるには最適の地でございます。

また毛利家の威勢に遠慮して播磨近国には有力な国侍がおりませぬ。しかるべき大将を姫路に遣わせていただけましたなら、近国はみな味方となることでしょう。播磨志方の城主櫛橋伊定《くしはしこれさだ》はそれがしの縁者でございますから、与力（味方）してくれるでしょう。三木《みき》城（兵庫県三木市上の丸町）の別所長治《ながはる》はいずれ毛利に走ると存じます。播磨ではこの別所と小寺が大国でございます。したがいまして別所を退治いたせば中国に足場を築くことができます。

別所の傘下には播磨佐用《さよ》城（兵庫県佐用町）に福原助就《すけなり》、上月《こうづき》城（兵庫県佐用町）に上月十郎《じゅうろう》がおります。これはやがて攻略しなければなりませぬ。播磨の国は上方《かみがた》と毛利の間にありますので、播磨が手に入りましたなら毛利を御誅伐なされるのによいかけ橋となるでしょう」

官兵衛のこの話を聞いて信長は大いにうなずいた。

「その方の申すことはわしが考えているところと少しも違《たが》わぬ。その儀ならば藤吉郎《とうきちろう》

（秀吉）を播磨に遣わそう。約束する。その方が申すごとく、播磨を手に入れずしては毛利を退治することはできぬ。そのためには播磨に味方がおらねば成功せぬ。さいわいその方が播磨におるので案内を頼む。

軍の手立ては藤吉郎と相談をして決めるがよい。中国を討つときには必ずその方を先手とする。難しい場面があればわしみずから出陣する。東国の押さえには徳川家康がおる。この五月、三河長篠《ながしの》の合戦で武田勝頼に打ち勝った。それで関東はことごとくわしの武威におそれをなし、傘下になる者が多いので東国は心配することはない。

しかし畿内はまだ油断ができぬ。それが落ち着けば藤吉郎を遣ろう。戦功あればその方にもそれなりの恩賞をやろう。その方は急いで本国に帰り、内々その段取りをせよ」

そう言って信長は「圧切《へしきり》の名刀」一腰《ひとこし》を官兵衛に与えた。それは長谷部国重《はせべくにしげ》作の刀で、信長に無礼を働いた茶坊主を隠れた机ごと押し切ったことからその銘がついた刀だ。

官兵衛は帰ってからこの旨を報告すると政職はたいそう喜んだ。群雄割拠《かっきょ》の中で官兵衛は信長が天下を取ると確信に近い考えを持っていたのだ。このとき官兵衛三十歳、秀吉三九歳、信長四二歳、家康三三歳であった。

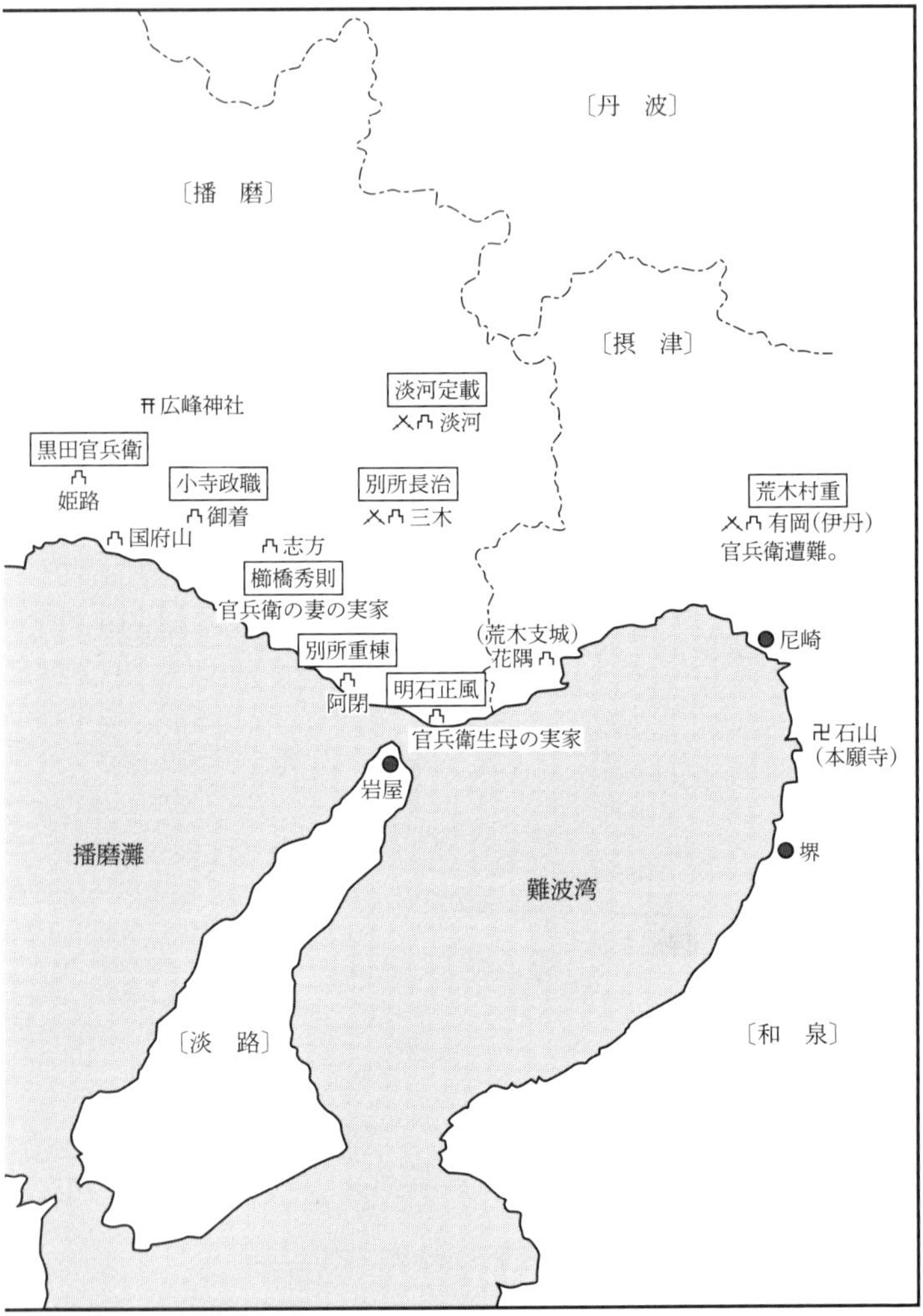
〔丹　波〕
〔播　磨〕
〔摂　津〕
淡河定載
淡河
広峰神社
黒田官兵衛
姫路
小寺政職
御着
別所長治
三木
荒木村重
有岡(伊丹)
官兵衛遭難。
国府山
志方
櫛橋秀則
官兵衛の妻の実家
(荒木支城)
花隈
尼崎
別所重棟
阿閉
明石正風
官兵衛生母の実家
石山
(本願寺)
岩屋
播磨灘
堺
難波湾
〔淡　路〕
〔和　泉〕

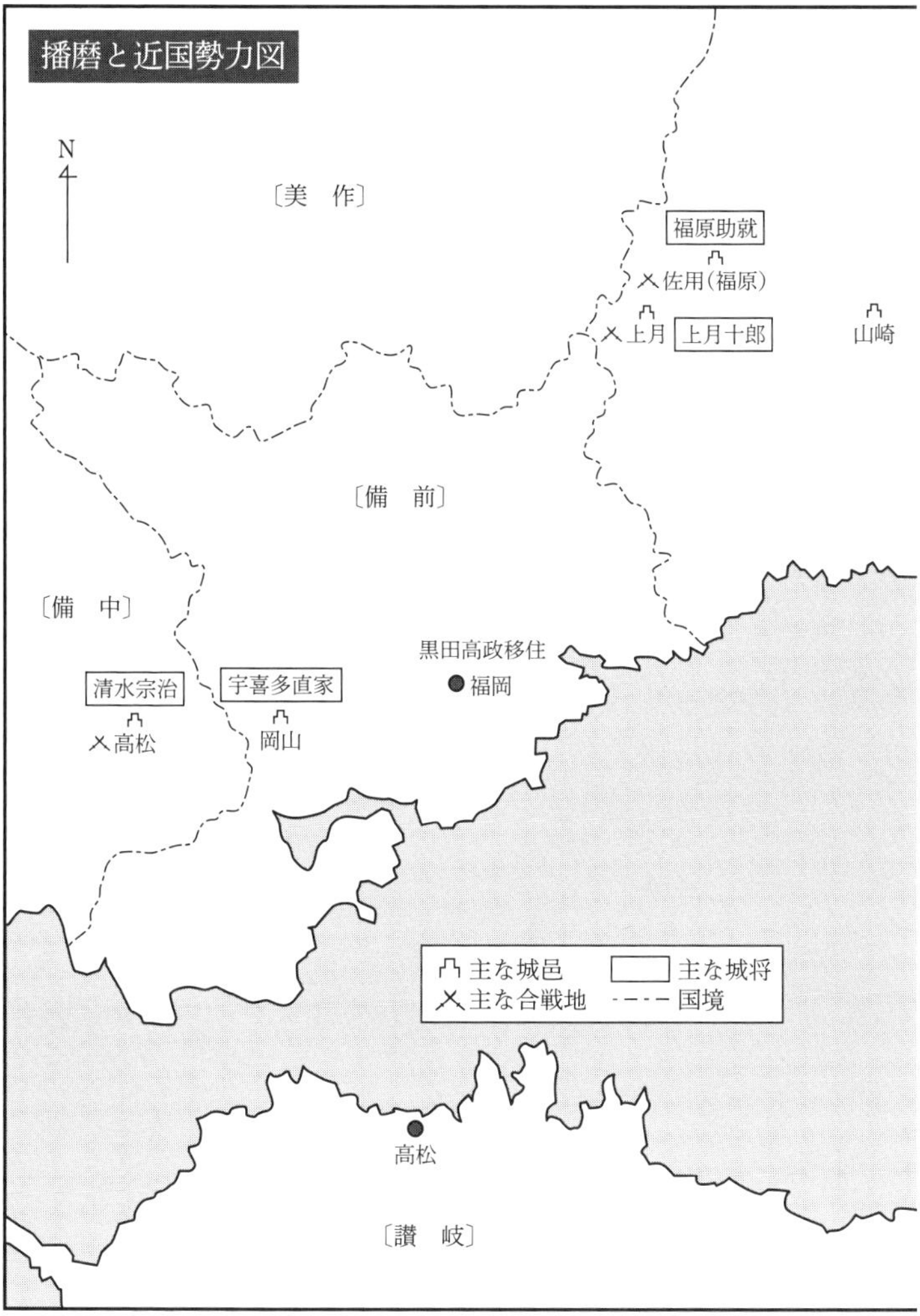
播磨と近国勢力図
N
〔美　作〕
福原助就
佐用（福原）
上月
上月十郎
山崎
〔備　前〕
〔備　中〕
黒田高政移住
福岡
清水宗治
高松
宇喜多直家
岡山
主な城邑
主な合戦地
主な城将
国境
高松
〔讃　岐〕

**【官兵衛遺訓】**

官兵衛が息子長政にいわく、「家臣を使うのにいちばん大事なことがある。わしは三十になってこれを知った。それは適材適所ということである。それをまちがえればせっかくの才能も無になるどころか邪魔になる。そのことを心がけておくがよい。夏の火鉢、冬の傘《からかさ》という言葉があるではないか」

## 英賀《あが》合戦

天正四年（一五七六）官兵衛三一歳

小寺政職が信長へ内通したことはそのうちに安芸にも聞こえ、毛利輝元の兵約五千人が兵船に乗り、姫路の近く英賀《あが》の港に上陸し、攻めてきた。こちらは五百の兵しかいない。あとは摂津の荒木村重《むらしげ》の兵が信長の要請を受けて官兵衛の援助に入っただけである。

官兵衛はこれを見て小寺政職に言った。

「味方の小勢をもってただ単に敵の大勢と戦うことはむりでございます。小をもって大に勝つには敵の不意を襲うに越したことはございませぬ。敵が大勢であればこちらから攻めてくるとは思いもよらぬことでしょう。敵が来ぬうちにこちらから逆寄《さかよ》せに討って出れば勝つ見込みは充分にありますので、それを試みたく存じます」

これを聞いて政職は了承し、後方に郷人《さとびと》（村人・郷士など）を多く集めた。これらが後《あと》に続くように見せかけたのだ。

五月、毛利軍は三木通秋と共に小寺領への侵攻を開始した。青山・土器山《かわらけやま》の戦いでは英賀《あが》城の三木通秋に助けられた小寺だったが、本願寺を支援する三木通秋との関係は冷えていた。いま信長は大坂石山本願寺との戦いのまっ最中なのである。しかも三木は代々毛利方の与力（加勢人）であるし、この三木と毛利は大坂石山本願寺に海上から兵糧《ひょうろう》を供給していた。もうすでに織田と毛利の戦いは始まっていたのである。この時代、昨日の味方は今日の敵、昨日の主人は今日の敵、ということは日常茶飯事だった。

毛利軍が英賀へ上陸して陣地構築の作業中に官兵衛は奇襲をかけた。敵が混乱したところへ、待機させていた農民に軍旗を立てかけさせて、いかにも後詰《ごづめ》の大軍がいるかのように思わせた。毛利軍は恐慌状態になり、われ先へと船に逃げていった。毛利軍はもう二度と攻めてくることはなかった。

毛利が大軍だったので陣地構築の必要性に迫られ、そのために武器を置いて作業をしていたのでできた奇襲だったのだ。大軍が災いとなった。官兵衛はそこを衝《つ》いたのである。この報《しら》せを京都の信長に報告すると信長は大いに悦び、感状を小寺政職に送った。

この年の二月、信長は近江安土《あづち》（近江八幡市安土町）に城を築き、岐阜より安土に移った。

天正五年（一五七七）官兵衛三二歳、松寿丸《しょうじゅまる》（のちの黒田長政）十歳

十月、官兵衛は秀吉とともに松寿丸を安土につれて行き、信長に人質として差し出した。

秀吉家臣団より人質を出せという話になり、小寺家には政職の息子氏職《うじもと》がいたが政職は信長の件についてはすべて官兵衛に任せていたので、けっきょく官兵衛の子松寿丸をさし出すことになってしまった。この時代、中世の暗黒合理主義によって、人質を主家にさし出すのはよくあることであった。信長は松寿丸を秀吉にあずけ、秀吉は松寿丸を近江の自城長浜城に住まわせた。長浜城では秀吉の正室ねねが松寿丸の面倒をみた。

会見の場で、信長は播磨派遣の命を秀吉に下した。官兵衛が何度も大将の派遣を要請したのが実《みの》ったのだ。信長は官兵衛との約束を忘れていなかった。十月二三日、秀吉は七千五百の兵を率いて播磨にむかった。しかし、このように官兵衛が突出して播磨における信長の先兵となったことはあちこちにかなりの衝撃を与えていた。それは官兵衛が想像した以上のものであった。

まず、秀吉に与えた影響はよいものであった。その少し前の九月、秀吉は自城の長浜

城で謹慎をしていた。それは加賀攻めにおいて無断で戦線離脱をしたからだ。加賀攻めの総大将柴田勝家は旧弊な作戦であったし、えこひいきのある指揮だったので、秀吉は後陣を命ぜられ、疎外されていた。秀吉は戦場で何も必要とされずに待機しているなど我慢がならなかったのだ。

無断で長浜城に帰城してから自分が昨年先鞭をつけた播磨調略が心配になり、部下を派遣したところ、人質として官兵衛の息子松寿丸を伴って帰城してきたのだ。そこで秀吉はさっそく官兵衛と松寿丸を伴い、信長にお目見して加賀攻めの戦線離脱を謝り、播磨の情勢を陳述し、松寿丸を披露した。それで信長の機嫌がなおり、播磨一国を思うままに「切り取り」せよとの命を受けたのだ。「切り取り」とは占領したところを自分の所領とすることである。つまり「占領したところは全部、藤吉郎、お前にやる」と信長は言ったのだ。

これが官兵衛効果のプラスの面である。しかしあとはマイナス要素だった。

竹中半兵衛《たけなかはんべえ》はじめ秀吉の家臣たちは官兵衛に警戒した。官兵衛の動きがあまりにも激しく野心的だったので、信用ができなかったのである。野心家・曲者《くせもの》・逆臣などという印象を彼らは官兵衛に抱いた。それに竹中半兵衛などは、官兵衛の動きが各地の織田に対する反感をますます増長させ、織田勢は多面作戦を強いられるのではないかと危惧したのだ。

つぎに播磨の国侍たちが官兵衛の動きに不安と不信を抱いたのであった。官兵衛が先導役となって播磨のすべての国侍の領地を秀吉のものにしてしまうのではないか、との危惧を抱いたのだ。信長や秀吉の動きは激しく、しかも播磨における官兵衛の動きも突出している。この両者が連動して播磨を侵略してしまうのではないか、と心配したのである。

これらの反応は官兵衛の予期せぬ反応だった。官兵衛は逆に播磨における自分の影響力に驚いたのであった。

十月末、官兵衛は自分の居城を掃除してまずここへ秀吉を招き入れようとした。その申し出に秀吉は非常に喜んだ。

「城はだいぶ汚れていたのでいま掃除をしております。その間、見苦しいところでございますが、まず二の丸の私の居宅にお入り下さい。御案内いたします」

官兵衛はそう言ってすぐ馬に乗り、歩を進めた。その姿を見て秀吉は「その才智ただものにあらず」と感じた。

官兵衛は秀吉の兵を町屋に置き、秀吉をわが宅に招き入れ、城の掃除を終わってから本丸に移ってもらった。そして姫路の城下の屋敷をことごとく目録にして秀吉に渡した。秀吉は播磨に下ってから常に官兵衛を近づけ何事も相談し、その才知をとり入れた。そして「拙者、この地に来て、ひとえにそちと何事も相談して指南を受ける以上は普通のつき合いでは足りぬ。こんご拙者とそちとは兄弟のつきあいをすべきと存ずる」と言って、誓紙を官兵衛に差し出した。秀吉は人の気をそらさないようにするのが非常に巧みだ。とくに初対面の人物にはその才能をいかんなく発揮する。教養という余分なものがないので、感情をもろに表現する。

やがて東播《とうばん》がほぼ秀吉の傘下に入った。これは官兵衛の作戦が功を奏したのだ。しかし西播《せいばん》はまだ秀吉の命令に従わなかった。ことに佐用《さよ》と上月《こうづき》の両城主が秀吉に帰服しないので、同年十一月二八日、官兵衛は竹中半兵衛とともにまず二千の兵で佐用城（兵庫県佐用町）を攻めた。半兵衛はじめ秀吉家臣団は官兵衛をまだ信用していなかったので、その真意を見届ける心づもりもあった。

　官兵衛が先手となり、城の東の山、高倉山の頂上に陣を取った。ところが城主福原助《すけ》就《なり》は屈強の兵約千人を率いて官兵衛の陣に攻め入ってきた。官兵衛は敵が城を出て撃ってきたのはもっけの幸いとして迎え討ち、しばらく槍を合わせて戦っているうちに、福原は討ち負けて城の中に戻ってしまった。そうこう戦う内に敵は弾薬・食糧が不足してきた。あとは時間の問題だった。

　夜半過ぎて官兵衛の寄手が鬨《とき》の声をあげて三方から城を攻めた。一方は空けてある。これは孫子のいわゆる「囲《い》師《し》必欠《ひっけつ》」という戦法で、官兵衛の作戦である。ようやく夜も明け方になるとき、敵は残った一方より落ちはじめた。官兵衛はその一方で敵を討つつもりはなかった。ところが平塚藤蔵という男が官兵衛のところに来て、秀吉に仕えたいという。以前秀吉に使われていたのだが、秀吉の勘気を蒙《こうむ》り浪人となって関東から播磨に流れてきたそうだ。

　官兵衛はその話を聞き、「そうであれば手柄をたてなくては秀吉殿は再度使ってくれぬであろう。では城の後ろを空けてあるので、敵は夜に必ずそこを通って落ちのびるだろう。よってそこで敵を待ち伏せして首を挙げるがよい」とコツを教えてやった。そのおかげで平塚藤蔵は敵の首を挙げたが、それが大将福原助就《すけなり》だった。戦いが勝利のうちに終わり、平塚藤蔵は再度秀吉に召しかかえられたのだった。

さて、つぎは上月城《こうづき》（兵庫県佐用郡佐用町‐旧上月町）だ。上月城は佐用城の一里（四キロメートル）ほど南西にある。

この城はさいしょ赤松一族の赤松政範《まさのり》が在城していた。赤松政範は宇喜多直家《うきたなおいえ》の応援を乞い、秀吉方と宇喜多方は互いに斬り結ぶこと八度も試み、両者被害甚大であった。最後は秀吉はこの城の水の手（水路）を断った。城はたちまち干されてしまった。秀吉の恭順勧告の最後通牒を受けて赤松政範は家臣に諮《はか》った。すると家臣たちは毛利・宇喜多に義理だてし、徹底抗戦を選択した。

十二月二日の夜、城内の兵は総力をあげて秀吉方に夜襲をかけてきたが全滅した。城に残った赤松一族はことごとく自刃し、城内に突入した秀吉軍は女子供まで串刺・磔《はりつけ》などをして虐殺した。

城を落した秀吉は山中鹿之助《やまなかしかのすけ》（幸盛）に兵を預けて引き上げた。山中鹿之助は主君尼《あま》子《ご》氏を再興するべく信長を頼ってきていたが、今回、秀吉の軍に組み入れられ、一緒に戦っていた。やがて鹿之助は京都にいる主君尼子勝久《あまごかつひさ》を迎えるために上京した。その留守中に宇喜多直家はまた城を奪還し、家臣の上月十郎を城主とし、守城を命じた。

天正六年三月、秀吉は再度城を囲んだがなかなか落ちない。籠城戦の様相になってきたとき、城の中に謀反人が出て、城主上月十郎の首を下げて開城してきた。残りの者は全員助けられた。この上月十郎の妻は官兵衛の妻と姉妹である。つまり上月と官兵衛は櫛橋氏の相婿なのである。官兵衛はもちろんその妻と子を助けた。秀吉はこの城を尼子勝久と山中鹿之助に治めさせた。

この戦いで毛利は震えあがった。秀吉と小寺が組むと播磨はほとんど信長のものになってしまうからだ。残る毛利の味方は三木の城主別所長治《ながはる》だけになってしまう。毛利は「急いで姫路に押し寄せ、秀吉・小寺を退治しなければならぬ」と決定したが、戦う体制はなかなか準備できなかった。

## 三木城攻撃

天正六年（一五七八）官兵衛三三歳

三木城の城主別所長治《ながはる》は赤松家の末裔で、もともと播磨の人間である。別所長治は初めのうちは信長に出仕して秀吉に従ったが、そのうちに秀吉に叛《そむ》き、毛利に与《くみ》し、城郭を固め、兵を増やした。

反旗をひるがえしたきっかけは秀吉の失言にあった。三月、加古川において毛利征討の会議中、秀吉が長治の叔父別所賀相《よしすけ》に高飛車に出て怒らせてしまったのである。もと賀相は親毛利であったから、織田方を裏切る口実を与えてしまったのである。賀相はさっそく長治を説得して毛利方につかせてしまった。その裏には足利義昭の離反工作があったのである。

足利義昭は織田信長に擁されて十五代将軍となっていたが、権力を持った将軍でいたい義昭と全国統一をもくろんでいる信長とでは当然のことながら利害が相反する。二人はまもなく敵対関係になってしまった。義昭は信長の力を削《そ》ぐために毛利に傾斜していた。その将軍足利義昭の国主にたいする調略工作はなかなか効果的であったのだ。

別所は播磨東八郡（明石・加古・美嚢《みのう》・印南・賀茂・多可《たか》・飾磨《しかま》・神崎）の長であるから、これに従う国侍が多い。志方（印南）の櫛橋伊定《くしはしこれさだ》、神吉《かんき》（印南）の神吉頼定《よりさだ》、淡河《おうご》（美嚢《みのう》）の淡河定範《おうごさだのり》、高砂（加古）の梶原景秀《かげひで》、野口（加古）の長井四郎左衛門、端谷《はだに》（明石）の衣笠範景《のりかげ》などは別所に従った。そのほか小城の主十余人は独自に行動することはできないので、みな三木城（兵庫県三木市上の丸町）にたてこもった。三木城はこの播磨の地では御着城・英賀城の二城とともに三大堅城のひとつである。

ただ長治のもうひとりの叔父で阿閉《あべ》城城主の別所重棟《しげむね》は以前より信長の傘下に入り、長治には従っていなかったので、その重棟を使って長治にこちらにつくように説得したが了承しない。かくなる上は攻め落すしかない、と覚悟を決めたが相手は手ごわい。攻めているうちに毛利勢に後ろを突かれるおそれがある。いったん退いて信長の援助を請う必要がある、ということになり、秀吉は姫路城より安全で、しかも三木を攻めやすい書寫山《しょしゃさん》（姫路市書写）に本陣を移した。さいしょ安易に考えていた播磨征服が別の様相を帯びてきたのである。

そうこうしているうちに毛利勢が別所長治を救うために五万余の兵を率いて西播磨の上月城を攻めてきた。予想したとおり秀吉方の後ろを攻めてきたのである。相手は吉川《きっかわ》元春《もとはる》・小早川隆景《こばやかわたかかげ》・宇喜多直家《うきたなおいえ》の連合軍である。

上月城の尼子勝久・山中鹿之助から秀吉のところに加勢を請う使いが来た。今の秀吉の七千五百の軍勢で両面作戦を展開するわけにはいかない。危険だ。秀吉はやむなく信長に援軍を要請した。信長は息子の信忠一万五千を東播の三木城に、明智・滝川を西播の上月城に遣わせた。信忠は別所長治に与する志方の櫛橋伊定《これさだ》と神吉《かんき》の神吉頼定を落し、三木城の四方に附城《つけしろ》をかまえた。櫛橋伊定は娘婿官兵衛の顔を立てて助けられた。

しかし上月城支援ははかばかしくなかった。毛利は五万の大軍である。おまけに援軍の明智・滝川は気合が入っていない。他人《ひと》の「切り取り」を手伝ってもしようがない、という考えだ。思い余って秀吉が京都におもむいて信長に相談すると、信長は、上月を捨てろ、と命令した。秀吉は泣く泣く上月を諦めざるをえなかった。結果的にこれは信長の英断であった。両面作戦をすると、両方とも失敗するおそれがあった。尼子氏は宇多源氏京極支流で、官兵衛と先祖を同じにする。したがって官兵衛は忍び難く、撤退を勧めた。しかし尼子勝久や山中鹿之助は撤退に同意しなかった。撤退するには時期を逸していたのだ。

とうとう上月城は落城し、城主尼子勝久は自刃し、山中鹿之助は捕われ、護送の途中で殺されてしまった。ここに山陰の雄尼子氏は完全に滅びたのである。

三木城攻撃は長期戦となってきた。織田信忠は秀吉を三木城攻陣の大将に任じ、諸大名を伴い帰陣していった。有岡城攻撃（後述）の総大将となっていったのである。十月初め、秀吉は本陣を三木城郊外の平井山に移し、腰を据えて三木城攻略にかかった。

「毛利が織田にたいして攻勢を強めているのは、足利義昭を芯にして毛利や上杉謙信・武田勝頼・石山本願寺の顕如《けんにょ》などが連絡を取り合って信長包囲網を敷いているのだ」と判断した信長は、毛利の動きを止める手始めとして、宇喜多の調略（寝返り工作）を命じてきた。それを受けて官兵衛と竹中半兵衛はまず宇喜多に会うことにした。宇喜多直家は毛利と織田に挟まれているので、その去就はいつも油断がならないが、以前は秀吉の味方をしたこともあるのだ。

官兵衛と竹中半兵衛は宇喜多に会い、官兵衛は持論を熱弁した。いわく、毛利は自領

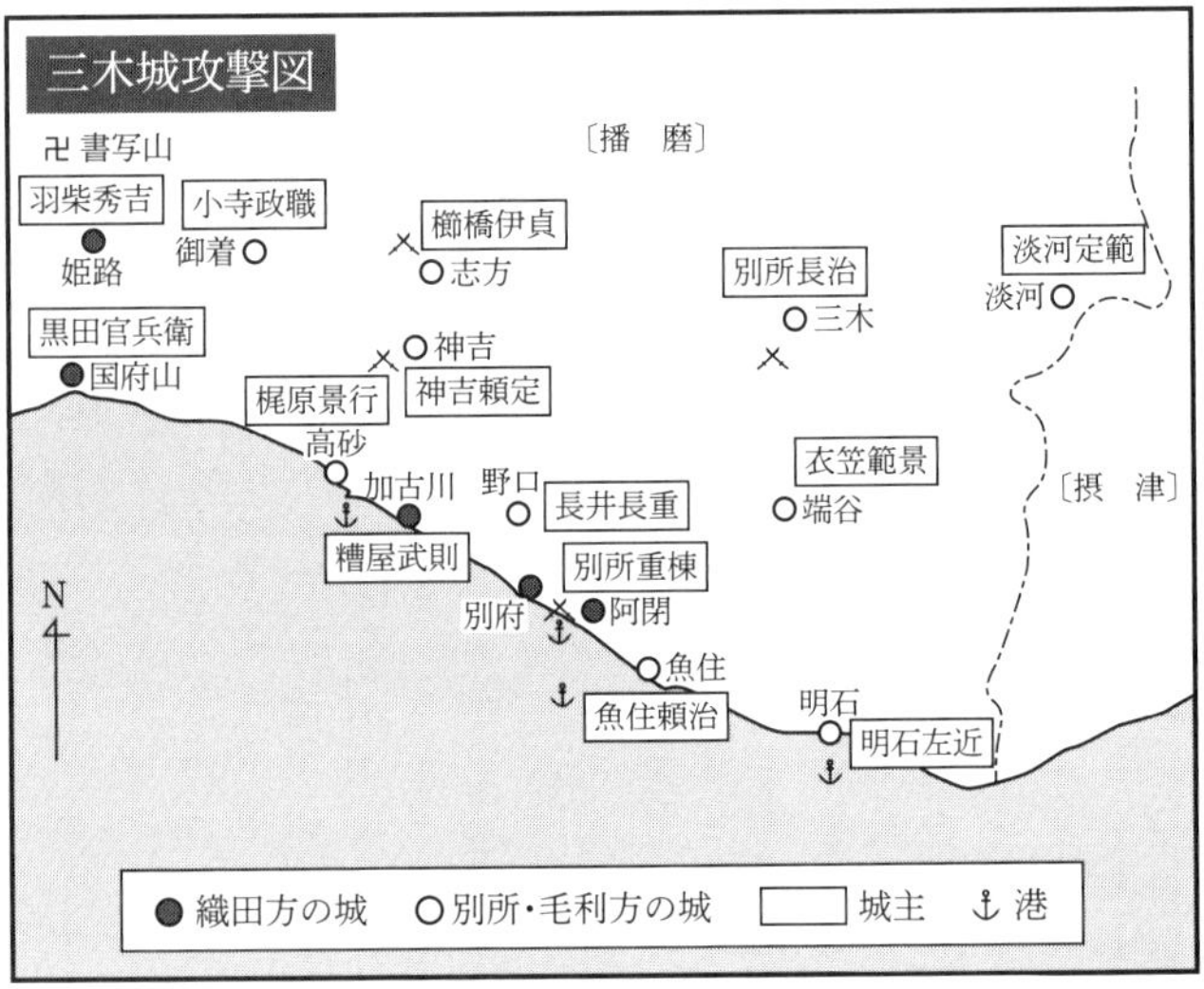


を守るしか眼中にないこと、したがって天下を狙う野望がないこと、信長はいま破竹の勢いで天下を手に入れようとしていること、など。そして、

「貴殿はもともと毛利に恩を受けた人ではござらぬ。このような力量のない大将についているよりも信長公についたほうが宇喜多の家の長久を計るにはよいのではござらぬか」と詰め寄った。半兵衛は、信長の傘下に入ってくれたなら全領地を安堵する、と断言した。

官兵衛らの説得が効いて宇喜多直家は家老を集めてこのことについて協議をしたところ、みな官兵衛の意見に賛成をした。これにより宇喜多はさっそく毛利の戦列を離脱した。

すると毛利勢は山陽道の通過が不自由になり、しかも三木城応援をするには後方の宇喜多に襲われるおそれが出てきた。また、信長の調略が効いて九州の大友が毛利の背後を脅かすようになった。それやこれやで毛利の動きは止まってしまった。

この宇喜多調略を官兵衛と半兵衛の両兵衛が一緒にするようになってから、半兵衛は官兵衛を信用するようになってきたのである。


【山中鹿之助】

山中鹿之助は山陰の雄尼子《あまご》氏の一門である。勇気はあり、才智にもたけていた。当時の人は鹿之助を「楠木正成《まさしげ》より勝る」と言って褒めたたえた。そのため、七重八重に取りかこんだ敵も鹿之助の姿を見るとみな退却した。また、鹿之助が城にこもると敵は和談して戦いを避けた。

尼子氏再興をみずからの運命とし、各地を転戦しながらも幾度の苦難を乗りこえ、兵を起し戦いつづけた。その道のりは厳しく、百度打ちのめされ、千回挫折を味わうものであったが、めげずに突き進んだ。「願わくは我に七難八苦を与えたまえ」と三日月に祈った話は有名だ。

鹿之助は上月城降伏に際し、尼子勝久の助命を再三にわたり毛利軍の吉川元春・小早川隆景に乞うたが、両川《せん》は「勝久が切腹しなければ、城内の者をことごとく皆殺しにする」と言って許さなかった。毛利は仇敵尼子をどうしても根絶やしにしたかったのだ。

万策尽きた鹿之助は勝久に涙を流しながら、「このたびは殿の命を救うため再三にわたって申し立てしましたが、元春・隆景は承知しませんでした。この上は、武運も尽きたと思って御自害ください。私もお供するのは当然ですが、敵の吉川元春と刺し違え、当家多年の鬱憤《うっぷん》を晴らすつもりです。命を惜しみ不義の降伏と思われるのは口惜しいですが、すぐに三途の川で追いつき、そのときこそ自分の忠義にうそ偽りのないことをお示しします」と申し出た。

思えば鹿之助の一生は毛利との戦いの一生だった。

それに対し勝久は「自分は、本来なら法衣を纏《まと》って生涯を終える身なのに、一時的とはいえ尼子家の大将として数万の軍勢を率いることができた。わずかな期間であったがよい夢を見させてもらった。うれしく思うぞ。ましてや自分が死ぬことで部下の命が助かるならば、よろこんで死ぬ。また、元春と刺し違えて仇をとることは、あの男は用心深いから、そのような機会は訪れぬであろう。それよりは、生き長らえて別の尼子庶子を探し出し、尼子の再興を目ざしてほしい」と言って、鹿之助と最後の別れをした。

## 小寺政職と荒木村重の裏切り

その頃、摂津の荒木村重《あらきむらしげ》が信長に叛《そむ》いた。十月二一日、秀吉軍に従軍して三木城を攻撃しているときにとつぜん戦線離脱してしまったのである。連鎖反応だった。荒木と別所は連絡を取りあって信長から離れる機会を狙っていたのである。秀吉の出自と信長の苛烈さ、秀吉の播磨への過度な介入、信長陣営の作戦・人事の不満、らが反逆の大きな原因だった。

荒木村重は伊丹有岡城（伊丹市伊丹一丁目）の城主である。大坂の一向宗石山本願寺門《もん》跡《せき》と手を結び、山崎や大坂周辺の大名、播磨三木の別所長治、宍粟《しそう》郡の宇野祐清《すけきよ》などと合従連衡をくりかえし、今回、足利義昭の仲介で毛利方に寝返ったのである。

荒木村重はさっそく長年の仲間である小寺政職に連絡を取り、信長から離反することを促《うなが》した。これを受けて小寺政職は織田と毛利とでどちらにつくか重臣と内談した。両者の形勢が五分五分になってきたからである。

そもそも小寺政職は優柔不断な性格であったし、御着城内の重臣たちはもともと親毛利であった。また、官兵衛父子《おやこ》の才腕を認めてはいたが、重臣たちには父子にたいする根強い嫉妬の感情があった。それと、官兵衛の縦横無尽の活躍に小寺が振り回されてしまうのではないか、という強い危惧の念があったのである。

小寺の小河三河守や江田善兵衛らの家老連中が言った。

「毛利よりは丁寧な使者がたびたび参り、また、われわれが使者として毛利に行ったときには言いつくしがたいほどの御馳走や送迎をしてくれる。しかし信長のほうは使者を一度も寄こさず、安土に使者を遣《や》れば、あの連中はちょっとしたことでも使者をあざ笑う。やっと秀吉殿の近習に取り入れば、相手は袴もつけず髪も結《ゆ》わないような連中で、太刀を渡せばわしづかみに受け取るなど、侍のやることとも思えず、百姓丸だしであった。やはり侍は毛利であり、信長は傍若無人だ。そんな毛利に逆らい、信長方につくのは策略にはまったとしか思えない」

小寺政職も内心は毛利が好きなので、うなずく。

「官兵衛は成り上がり者の秀吉にたぶらかされておる。息子（松寿丸）を不憫《ふびん》に思うあまりお家のことは考えず、あくまでも信長に与力するなら御成敗なされよ」

「織田はいま大変じゃ。播磨の別所、加賀の上杉、紀州の雑賀《さいか》、中国の毛利、摂津の荒木と八方ふさがりじゃ。天下は誰のものになるか皆目見当がつかぬ。それなのに官兵衛が先走りしおって。播磨のあちこちの大名が不安がっておるわ。織田や羽柴に国が取られてしまうのではないかと。それに官兵衛がハデに動きおるからなおさらじゃ。ここは荒木殿との長年の信義を大切にしておいたほうがよいと存ずる」

これは官兵衛には内緒の会談だったのだが、しぜんと官兵衛にもその話が漏れ伝わってくる。その話を官兵衛は姫路城に行って父の宗円に話すと、

「殿さまが荒木と連絡を取っているのは間違いないな。殿様は功臣の声も聞かず、旧来の取り巻きだけを重んじておる。世の中の動きが見えぬのじゃ。荒木は必ず負ける。ところでその話はいつのことじゃ」

「この頃は毎日のように会議をしているようです。つい最近は昨晩のことでした」

「それではその方がここに来たことを殿様は不審に思うだろう。急いで御着《ごちゃく》に帰り、何事もなかったようにふる舞ったほうがよい。もう何を言ってもムダじゃ。もし話合いの席に呼ばれれば、『どのようになろうとお家安泰にお計り下さい』と、あまり取りあ

わぬようにしたほうがよい」

宗円はそう言った。それは官兵衛も同感であったが、一応、この先どうなるかわからないので姫路城の重臣たちを呼び寄せ、事のいきさつ伝えると、彼らは言った。

「官兵衛殿、御着に帰られることはムダでござる。つまり、松寿丸さまが人質になっておるので、その上に官兵衛殿があくまでも信長公に与力することをおっしゃれば、彼らは官兵衛殿を誤解することは明らかでござる。そんな中におめおめと帰られては危険でござる」

「おのおの方の意見はごもっともでござる。しかしながら事もないのにこの城に籠《こも》れば、籠城《ろうじょう》合戦になることは眼に見えておる。主従対決は第一の不義でござる。御着にてできるだけのことをしてみる。それが失敗すれば切腹するよりほかないであろう。その節は父上のことをよろしくお頼み申す」

「それでは急いで御着に帰り、できるだけ努力をしてみよ。ダメなときには腹を切れ。そうすれば家の名に疵《きず》はつかぬ。後のことは心配するな。くどいようだが、くれぐれも早まるではないぞ」と宗円。

「それでは出立するので皆は父上を慰めてやっていただきたい」

「官兵衛殿が御切腹になられたならば、姫路の城を枕として全員戦死すべきである」

と、家臣はわれもわれもと気勢を上げた。その勢いに父子は覚悟を決めた。最悪の場合には徹底的にやるよりほかない。官兵衛は皆に別れを告げ、御着に発って行った。

それから数日後、小寺政職が官兵衛に言った。

「わしは今までずっと摂津の荒木村重と手を組んできた。しかし先日そちが言ったように、毛利方につくのは間違いと思うので急いで有岡に行き、荒木に『秀吉と和解せよ』と助言をいたせ。摂津が信長に落ちれば播磨はもともと信長方だったのだから、わしも毛利と手を切って信長方につく。そうなれば両股膏薬《こうやく》の汚名を着なくともすむ」

と、まことしやかに言った。

主命なので逆らうわけにもいかない。それに官兵衛は荒木村重とは仲が良かった。英賀《あが》の戦いや上月城攻撃のときには官兵衛を応援してくれた。一時、信長と官兵衛の間の連絡係を担ってくれた時期もあった。そのような間柄だったから官兵衛が村重を説得すれば、「もしや……」という一縷《る》の期待もあった。いままで何人もの国侍が説得に行き、失敗しているのである。

それに官兵衛は責任も感じていた。今、播磨が毛利と織田の覇権争いの場になっているのは官兵衛の責任もある。しかしこれは天下を統一するためにはやむを得ない過程である。ただ、西は毛利・上月城、東は別所・荒木に挟まれて織田が苦境にあるのは、官兵衛と秀吉の作戦が慎重さを欠いたことにある。竹中半兵衛はそこを心配していたのだ。この点に関しては官兵衛は反省せざるをえなかった。その責任を感じて、官兵衛は荒木村重の有岡城に赴いた。

## 捕われる

有岡（伊丹）の町に入って、「小寺官兵衛が伺いたい」と使者を城に遣わすと、荒木村重は、「どうぞご登城くだされ、早々にお目にかかろう」と、いかにも親しげに本丸に招き入れた。ところが官兵衛が座敷で待機しているととつぜん捕り手が襲いかかり、官兵衛は押さえこまれ、牢に閉じこめられてしまった。

その牢は有岡城の西北にあり、うしろは深い沼地で三方は竹藪に囲まれていた。半地下で天井も低く、陽も差しこまず、湿気の多い土牢であった。蚊は飛び回り、ゲジゲジは地を這っていた。

無念ではあったが予期できぬことでもなかった。これは荒木村重と小寺政職が連絡を取り合って謀ったことなのか。ただ、父宗円のことや姫路城の家臣のことだけが心配だった。


官兵衛が有岡城で捕われの身となった知らせが姫路城に入ると城内では激震が走った。家臣たちは怒り、今にも御着城を攻めんばかりの雰囲気となった。官兵衛をそのような境遇に陥らせたのは御着の小寺であるし、この一件に何か胡散《うさん》臭いものを感じていたからである。家臣団は姫路城にいた官兵衛の妻や重臣に四通の起請文を提出し、一門衆（官兵衛身内）の命に従うことを誓約し、忠誠を誓った。

老臣たちが宗円に言った。

「官兵衛殿の一件は初めから企《たくら》まれていたことである。このうえは弔い合戦として御着を攻め、うまく行かなければ討ち死にしようではござらぬか」

しかし、宗円は、

「確かに御着城を攻めることは一計だが、そうなれば荒木村重は官兵衛を殺すだろう。だからそれはまだ早い。その時期はまかせていただきたい。しかし武力の用意はしよう。一、二年籠城しようとも兵糧・弾薬、そのほか武具などこと欠くことがないように」

そう言って、宗円は家臣の激高をなだめ、一方、栗山四郎右衛門に命じ、官兵衛の救出を計画させた。以来、栗山四郎右衛門、母里太兵衛、井上九郎右衛門らの忠臣が商人に変装し、入れかわり立ちかわり有岡城に潜入し、官兵衛が投獄されている場所を探った。四郎右衛門は伊丹の町の金銀細工屋の銀屋《しろがねや》新七という者と親しくしていたので、その者にも探らせていた。

官兵衛が有岡城の中に消えてしまったことを聞いて、信長は怒った。

「黒田官兵衛も荒木に同調し、有岡城に立て籠もった」と思ったのだ。

そして「松寿丸を殺せ」と秀吉に命令してきた。困惑した秀吉は竹中半兵衛に相談した。すると半兵衛は「私にお任せください、信長公には松寿丸を殺したと御報告しておいて下さい」と答えた。それから半兵衛は松寿丸を長浜城から連れ出し、自分の旧領である不破郡岩手の奥菩提《おくぼだい》（岐阜県不破郡垂井町岩手）という居城に隠し、大切に処遇した。

一方、官兵衛が捕われの身になったことが御着城に届くと、小寺はじめ家老たちは内心うまくいったと喜んだが、表向きは「荒木の所業心外なり」と悔しがった。

そのうちに小寺政職より姫路城に使者が来た。使者は宗円と親しい間柄の男である。「荒木が理不尽に官兵衛殿を捕えたことはとんでもないことだ。言語道断《ごんごどうだん》である。官兵衛殿が『信長についたほうがよい』と主張するので、そのことを荒木に言いにやったのだが、官兵衛殿を人質にしたということは、このことによって小寺も毛利方につかざるをえないだろうと計算してやったことだと存ずる。

このうえは信長公に味方するという考えを取りやめ、毛利方について官兵衛殿を救うことが一番大切なことと考える。そのときはもちろん松寿丸をあきらめるほかない。何はともあれここは官兵衛殿を救うことが第一だ。官兵衛殿がいなくなれば小寺は危ない」

と、いかにも親身げに言う。

「官兵衛のことを云々《うんぬん》する必要はござらぬ。この上はなお信長方につくべきかと存ずる。もし毛利方と手を結ぶならば拙者はお暇をいただくほかござらぬ」と宗円。

すると使者は、

「宗円翁に意見を言うのは僭越だが、言わぬわけにはいかぬ。

貴殿の言い分は理解できぬ。信長方にこのままついておれば村重は官兵衛殿を殺してしまう。官兵衛殿ほどの家臣を犬死させてしまっては主君の名折れとなってしまう。たとえ、官兵衛殿を見捨てて小寺が末永く栄えようとも、それは不義ではあるし、また、栄えることもなかろう。このことは貴殿の覚悟にかかっておる。大事なことであるから早合点せず、よくよく御思案のうえ、御返答くだされ。今日御返事いただかなくとも結構でござる」

それを聞いて宗円は、

「ごもっともなる御助言ありがたく存ずる。おおせのごとく、官兵衛を失えば殿さまのためにもならず、拙者には闇夜に明りが消えたようにも思われる。

官兵衛は国のために一身を捧げ、その功績は隣国にも聞こえておる。だからこそ殿さまは小寺の苗字まで下され、拙者には姫路を任せていただいた。しかるにそのような官兵衛を『見殺しにすべし』と、拙者が言うのは理由がござる。

まず、松寿丸を信長公の人質に出したのは殿さまと拙者と官兵衛の三人で熟談して決めたことでござる。だから、どうして熟談してきめた人質を捨て、捕えられた者を助けるということになろうか。人質を放棄しないことは人の道、義でござる。にもかかわらずこのうえ毛利につくことはこの宗円、納得ができかねる」

と、宗円。使者はばかばかしい話とは思ったが、理屈は宗円にあり、また昔から言い出したらテコでも動かないことを知っているので、さらに言うのは止め、立ち去っていった。

官兵衛が有岡城で捕えられたことは、荒木の一存ではない。官兵衛を救う、という大義名分をつくり、小寺が一丸となって毛利に加担しようとしたのである。しかしそのことを宗円に見破られてしまって姫路城を取り込むことができなくなったのである。

## 有岡城落城、救出される

一方、有岡城の牢では官兵衛の人柄に感銘した荒木の牢奉行加藤又左衛門という者がなにくれとなく官兵衛の面倒をみていたため牢番も協力的であった。官兵衛は加藤又左衛門に言った。

「もしそれがしがぶじ本国に帰ることができたなら、貴殿の御子息をそれがしのところに遣わせてください。それがしの息子の弟のようにして育てますから」

官兵衛はこの約束を守り、後に加藤又左衛門の息子を召し抱え、黒田一成《かずしげ》として重臣に取り立てた。この一成の家系はその後、黒田藩の屋台骨となって幕末まで存続した。

官兵衛をなぐさめてくれたものはもうひとつある。それは藤の若蔓《わかづる》であった。獄舎の棚を伝わって這い上がり、新芽を吹き、やがて紫の花が咲き出すのだった。この花を見て、官兵衛は生きる力をもらった。後に官兵衛は藤巴《ふじどもえ》を家紋のひとつにした。それはこのときの藤に命を助けられたからである。

ある日、栗山四郎右衛門は夜陰にまぎれ、池をひそかに泳ぎ渡り、やっと牢に近づくことに成功し、外から官兵衛に国の話や世の中の形勢を語り聞かせた。加藤又左衛門が見て見ぬふりをしたのである。官兵衛はこのとき初めて自分が生きて帰れることを確信した。

信長勢は有岡城を取り巻き、日夜手を替え品を替え攻撃した。城の中は弾も兵糧も尽きていた。その頃、毛利の代官である吉川《きっかわ》と小早川《こばやかわ》は備中に出陣していた。有岡城ではこの両川《りょうせん》（吉川・小早川）に加勢を請うべきだとの話になり、その使者は誰にすると協議していると、荒木村重は「いやいや使者を出しても両川は簡単には加勢せぬであろう。わしがじかにお頼みする」と言い、それから数日して夜陰にまぎれ城を抜け出し、両川に会い、有岡城の状況を訴えた。しかし両川は「なんとか後方から攻撃をかけたいが、備前の宇喜多が信長の援助を得て備中で道を塞いでおるので、加勢するのはなかなか難しい」と返答をした。

これを聞いて荒木は力なく引き下がった。しかしそのまま帰城すれば後代まで名を落とすことはなかったのだが、その後、息子の荒木村次《むらつぐ》が守る尼崎城に入ったまま有岡には帰城しなかったのである。最後に手にしていたのは茶道具と鼓《つづみ》だった。

いっぽう有岡城では家臣が今か今かと主人を待っていたが、約束の日もはるかに過ぎ、いよいよ待ち切れなくなった。信長陣の寄せ手の大将滝川一益《たきがわかずます》は手練《てだ》れの者であるから、城内に間者を放ち、攪乱《かくらん》戦術に出た。肝心の殿さまは帰って来ず、城の中は疑心暗鬼になっていたのである。そんなとき、城中の家老の中から、「翌朝、敵をひき入れ、城を明け渡す」という情報を間者が得てきた。

ところが荒木陣営の別の一団が滝川陣営に「今晩攻め入っていただきたい。我らが案内いたす」と内通してきたので、天正七年十月十五日の晩、滝川陣営は攻め入り、城に火をかけたので城はたちまち落ち、大勢の一門衆・家臣が斬殺《ざんさつ》・焼殺《しょうさつ》された。

この日、栗山四郎右衛門らは急いで牢に直行したところ、牢番はもう逃げていなかった。「官兵衛さま」と呼べば、中から「おおっ」と返答があった。四郎右衛門らが獄舎を打ちこわして中に入ると、官兵衛は横に臥せていた。髪や髭は伸び放題に伸び、膝と頭に大きな瘡《かさ》ができ、まるで幽鬼のような姿だった。一年間も幽閉されて膝が変形し、立つこともできなかったのだ。結果的に官兵衛は一生不具者となってしまった。死ななかったのが不思議なくらいだった。

栗山四郎右衛門たちは牢中の者たちを雇い、近くの民家に官兵衛を運び、滝川一益陣にそのことを報告した。滝川一益は官兵衛の名とその信長への忠節を聞いていたので、食べ物・衣類・供の者、などの面倒をみてくれた。用意が整うと、官兵衛たちはまず有馬温泉に向い、体力が回復するまでしばらくそこに逗留した。

また、これと同時に御着城も秀吉の火攻め水攻めに遭って落城し、小寺政職は落人《おちうど》となった。これにより官兵衛は小寺の姓を改めて本姓黒田に戻した。

## 竹中半兵衛の死

天正七年（一五七九）官兵衛三四歳

約一年ぶりに官兵衛が姫路城に帰ってくると、家臣は死んだ人間が生き返ったほどに驚き、全員喜びの涙を流した。しかし三木城はまだ落ちていなかった。

官兵衛が牢に入っている間に秀吉は三木城の支城である淡河《おうご》城（兵庫県神戸市北区淡河

町）や八上城（兵庫県篠山市八上上）を落とし、官兵衛が捕われていた有岡城も落ちたので三木城への兵糧ルートは絶たれていた。秀吉は改めて三木城の北東約半里（二キロメートル）の所の平井山に付城《つけじょう》を築き本陣とし、攻撃を再開した。攻撃の方法は兵糧攻めであった。城中には七千余もの兵や浄土真宗門徒がいたので兵糧攻めは効果的な戦法であった。

官兵衛は気力が充実してきたところで秀吉にお目見した。秀吉は官兵衛の手を取って涙を流して言った。

「一命を捨てて敵城に赴いたことはまことに忠義なことであった。獄中の苦しみは大変なことであったろう。しかしこうして再びあいまみえたことは誠にうれしい。必ずこの恩義に報いようぞ」

秀吉は今回の官兵衛の忠義に応えるべく、京都の信長に宗円・官兵衛父子を引き合わせた。

開口一番、信長は松寿丸を殺そうとしたことに対して素直に謝り、主従の契りを守った官兵衛に労《ねぎら》いの言葉をかけた。信長は竹中半兵衛の気転によって松寿丸が生きていた事を知って非常に喜んだのだった。

しかし一方の竹中半兵衛はもうこの世にはいなかった。

秀吉は半兵衛の病状を心配して京都で療養させたが、半兵衛はすでに自らの死期を悟り、武士ならば戦場で死にたいと秀吉に懇願して来陣し、六月十三日、平井山の本陣で死んだ。死因は肺結核だった。享年三六。秀吉はその死をひどく悲しんだ。

当初、半兵衛は官兵衛を信用していなかった。官兵衛があまりにも野心的で、はねあがりのように見えたからだ。この男のせいで織田は播磨で苦労する、と読んだ。それは半分は当たっていた。秀吉と官兵衛はあまりにも激しく動いたので播磨全体が緊張してしまったのである。一時は織田も危なかった。

しかし二人で作戦・戦闘をしているうちに半兵衛は官兵衛を理解するようになった。半兵衛にとって官兵衛は初めの印象とはずいぶん違ったものになってきた。ことに二人で宇喜多直家を調略して以来、半兵衛は官兵衛を自分のあと釜に考えるようになった。けっきょく二人が大人だったことと、性格の違いが二人を結びつけた。官兵衛の動に対する半兵衛の静。しかも歳は半兵衛が二つ上で、信長・秀吉に対する経歴は半兵衛のほうが上だ。官兵衛は半兵衛を先輩として立てていたし、戦略の手法も似ていた。だから世間では二人のことを「両兵衛」と称していた。

官兵衛は竹中半兵衛が松寿丸を救ってくれたことを牢を出てから知ったが、そのときには半兵衛はこの世にいなかった。官兵衛が牢に入っている間に半兵衛は亡くなっていた。

半兵衛の死はただでさえ悲しいのに、松寿丸の一件を聞いて、官兵衛は身の置き所がないほどに悲しんだ。生きているうちに礼を言えない無念をいやというほど味わった。

黒田父子はこの恩義を終生忘れることがなかった。

まず、これ以後黒田家は竹中家の家紋のひとつ「黒餅《くろもち》」を貰いうけて黒田家の家紋のひとつとした。

長政は半兵衛がかぶっていた「一の谷型兜《かぶと》」を遺品分けとして分与された福島正則から手に貰い受け、それをかぶって関ヶ原の合戦に出陣したのであった。

半兵衛の息子重門《しげかど》が元服した際には官兵衛が烏帽子親《えぼしおや》をつとめた。烏帽子親とは元服の際の仮親である。

関ヶ原の戦いのとき、その重門は最初西軍についていたのだが、長政がうまく東軍に誘導して手柄を立てさせ、家康から感状を賜るまでにした。

また重門の庶子を黒田家の重臣として厚く遇した。

小寺政職は荒木村重が破れると御着城を出奔《しゅっぽん》し、中国の諸所を流転し、その反逆を謝ったが信長は許さなかった。その後、備後の鞆《とも》で天正十年に死亡した。

宗円と官兵衛は政職の子・氏職《うじもと》の罪を許してほしいと秀吉にお願いすると、秀吉は、旧恩を忘れないことは尊いことだ、と言って許してくれた。その氏職を官兵衛は黒田の客分として遇した。

## 【竹中半兵衛】

竹中半兵衛（重治《しげはる》）は体が弱く見た目は痩身で女性のようであり、出陣するときも静かに馬に乗っているだけだった。容貌が女のようであったことから、旧主君の美濃国主斉藤龍興《たつおき》をはじめとする斎藤家臣団から侮《あなど》られた。ある日、龍興の寵臣である斎藤飛騨守に櫓《やぐら》の上から嘲弄され、小便を顔にかけられた。数日後、飛騨守が龍興居室の宿直を務めていたとき、半兵衛は稲葉山城に詰めていた弟・重矩《しげのり》の看病のためと称して武具を隠した長持などをもって入城し、宿直部屋にいた飛騨守を惨殺して稲葉山城を乗っ取ってしまった。信長は半兵衛の稲葉城奪取を知ると、城を譲り渡すように要請したが、半兵衛は拒絶し、半年後には主人の斉藤龍興に返した。その事件いらい半兵衛は長亭軒（不破郡関ケ原町大字今須字溝口山）で浪人をしていた。それを秀吉が三顧の礼をもって迎えたのである。

ある日、官兵衛は秀吉が約束した知行の加増をいつまでたっても実行しないことに不満を覚え、秀吉の花押が入った約束の書状を半兵衛に見せた。そのとき、半兵衛は書状を手に取り、破って燃やしてしまった。驚く官兵衛に対して、「こんな文書があるから不満を感じるのだ。それにこれは貴殿の身のためにもならない」と忠告したのだった。

## 三木城落城

天正八年（一五八〇）官兵衛三五歳

三木城中にはもう食料がなく、別所長治《ながはる》は自分の命と引き換えに家臣の助命を請うてきたので秀吉はそれを許し、食料を城に送った。城内は死人を食うほどの惨状で、後年、「三木の干《ほ》し殺し」として有名な作戦となった。

落城の前日、三木城から後藤基国《もとくに》という重臣が身を忍んで官兵衛のところにやってきた。幼い子を伴っていた。別所が信長の与力（傘下）であったときに後藤基国は官兵衛と親交があった。お互いに築城に関心があったからだ。基国は信長を裏切ることにも籠城することにも反対だった。しかし城主の別所長治は基国の意見を採用せず、叔父の別所賀相の意のままになっていた。今その別所賀相は自分の首を秀吉に差し出すのを恐れ、家臣といさかいを起していた。

後藤基国は、自分は主人長治と死を共にするつもりだ、と官兵衛に言い、「ついてはこの息子を道連れにするのは不憫《ふびん》であり、官兵衛殿なら安心なので、どうかこの息子を養育していただきたい」と必死の面持《おもも》ちでお願いした。

官兵衛はもちろんこころよくその願いを聞き入れたが、「こちらから要求しているのは長治殿と賀相殿の首だけ。あとの者は全員赦《ゆる》すと秀吉殿も言っておるので、後藤殿まで腹を召されることはないのではござらぬか」と手をさしのべた。しかし基国の決意は固かった。基国は子の又兵衛を最後に一瞥すると夜陰にまぎれて三木城に帰っていった。

翌日（正月十七日）、長治は自害した。二三歳。約三年間城を持ちこたえた。これにより秀吉は播磨をほとんど征服した。その際、秀吉は自分の居城を三木にしようとしたが、官兵衛は「三木は播磨の端にあるので、やはり交通の便などを考えると姫路城がもっともふさわしいです」と進言し、秀吉もそれに従った。

官兵衛自身は播磨宍粟郡《しそうぐん》の山崎城（兵庫県宍粟市）に居城することになり、一万石の知行を賜った。官兵衛が後藤基国から預かった子、のちの後藤又兵衛は官兵衛に可愛がられ、「黒田二十四騎」のひとりとなり、各いくさで大きな戦功をあげるのだった。ただ長政とは折り合いが悪く、長政の時代になると黒田を離れ、豊臣秀頼の下の大坂夏の陣で討ち死にした。

## 【後藤又兵衛】

官兵衛は後藤又兵衛を非常に可愛がり、又兵衛も成長してから官兵衛の期待に応え数々の戦功を挙げた。関ヶ原の戦いのあと、黒田藩が筑前一国を所領するようになったとき、又兵衛は筑前の支城大隈城主となり一万六千石を賜った。家臣の中でもほぼ最大の城代となったのである。ところが官兵衛の死後又兵衛はその地位を捨ててとつぜん出奔してしまったのである。その後、長政の邪魔にも遇って各地を流浪することになってしまった。

大坂の冬の陣が勃発すると、先駆けて大坂城に入城した。又兵衛の名はすでに全国に鳴り響いていたから大坂城の諸将は又兵衛を歓迎し、又兵衛は六千人もの部下を預けられ、遊軍として活躍した。大坂夏の陣では迎撃戦の先鋒として二千八百の兵を率いて孤軍奮闘した。しかし多勢に無勢で、乱戦の中で討ち死にした。

長政との不仲の原因はいろいろ言われている。戦場で又兵衛が長政を助けなかったとか、長政が人前で又兵衛を叱責して恥をかかせたとか。直接の原因は多々あるだろうが、遠因は官兵衛が又兵衛のわがままな性格を知りながらも取り立てたことにあるのではないだろうか。

# 第三章　水攻めの奇策と中国大返し

## 高松城攻撃

天正十年（一五八二）官兵衛三七歳

正月、備前《びぜん》・美作《みまさか》・備中《びっちゅう》の国主宇喜多直家が死んだ。秀吉はすかさずその子秀家を自分の養子として父の領土を相続させ、信長の臣とした。四月に入ると備中高松城（岡山県総社《そうじゃ》市高松）を攻略するために高松の東、蛙《かわず》ヶ鼻《ばな》という所に本陣を置いた。高松城の城主は清水宗治《むねはる》といい、毛利家譜代の忠臣だった。いよいよ備中攻め、毛利攻めが始まったのである。

高松城の兵数は五千ほどの大軍だった。この城は中国一の名城と言われていた。攻めるほうは城が足守《あしもり》川の中洲に建っているので塹壕《ざんごう》を作ることができなかった。

さて、川を渡って攻めてみたものの、そのような城だから城中から鉄砲を撃たれればその損害は大きかった。なにしろ攻めるほうは裸どうぜんの無防備なのである。官兵衛はこれを見て、この城は正攻法では落ちないと判断した。城の形勢をよく考えると、立地は低く、二方は山で、しかも川中にあるのだから、それは水攻めしかないと考えた。そこで川をせき止めるために大石を投げ入れたが、水の勢いが強く、大石でも簡単に流されてしまう。

秀吉は策に窮し、官兵衛に「そちの才覚でなんとか堤防を築いてほしい」と泣きついてきた。官兵衛はさっそく河口にあった船二、三十艘を堤防予定地まで引き上《のぼ》らせ、そこで碇《いかり》を入れ、石を積み、沈めた。今度は石は流れ去らなかった。その石の上に堤は簡単に作ることができた。城の南西、高さ二丈（約六メートル）、長さ三十町余（約三キロメートル余）の堤防である。さすがの秀吉もその官兵衛の才知には感心した。

十日ほどすると、川は一面、湖のように満々と水を湛《たた》え、城の裾を浸しはじめた。城兵は城の高い所高い所に移動しはじめたが、なにしろ五千人の兵である。それも限界に近づいてきた。

　高松城を助けるため毛利軍より吉川元春と小早川隆景が四万の兵を引き連れ、川を挟んで秀吉の陣より二里（八キロメートル）ほど西、岩崎山（元春）と日差山《ひさしやま》（隆景）に陣を取ってきた。そのうしろ、秀吉と四里（十六キロメートル）ほどの所に毛利輝元も二万の兵をひきいて陣を敷いた。毛利方のほとんど総数が出陣してきたのである。しかし水の中にある城とはなかなかうまく連絡が取れない。これを見て秀吉は毛利と一大決戦すべしと考え、信長に出馬するよう使いの者を走らせた。五月中旬、秀吉の要請に応え、信長は毛利と決戦すべく嫡子信忠とともに都に上り、本能寺で泊を取った。

　高松城の中では城主清水宗治が「この様子では近日中に城の中の家臣はみな水死してしまう。自分の死に替えて家臣を助けてもらう」と決断し、その旨を船に乗って伝えてきた。秀吉はそれを了承し、兵糧を送り、六月二日、迎え船を遣わした。それを合図に城主清水宗治は船を出し、全員が見ているところの船の中で切腹した。その後、秀吉方は堤を八分通り切って水を吐き、城兵はみな助けられた。

　さて、城は落したが川の向こうには毛利の大軍がいる。多勢に無勢だ。戦って、たとえ勝ったにしても損害は多い。

「いかがする」。秀吉は官兵衛に相談してきた。

「清水に勝った勢いをもって和睦を持ち出せば、こちらの勢いにおそれてきっと話に乗ってくるでしょう。それがしが輝元の陣に行って交渉してまいりましょう」と官兵衛。

秀吉は官兵衛の案を了承し、まず毛利の使者を呼び寄せた。使者は禅僧安国寺恵瓊《あんこくじえけい》という者だった。毛利家の外交僧（武家の対外交渉の任を務めた禅僧）である。その安国寺に和睦の提案をすると、安国寺はそれを毛利に持って帰った。翌日、安国寺はふたたびやってきて、了解、との返事をした。

安国寺は坊主のくせに弁舌が優れ、交渉の胆力もあった。外交僧に任じられるだけのことはある。秀吉はすっかり安国寺が気に入った。六月三日、こんどは官兵衛が相手の要望を聞くため毛利方に行った。

「信長公に対して藩主はまったく恨みは持っておりませぬ。安芸《あき》・備後《びんご》・周防《すおう》・長《なが》門《と》・伯耆《ほうき》・出雲《いずも》・石見《いわみ》・備中《びっちゅう》、この八カ国をそのまま安堵（承認）たまわれば、信長公の傘下に入ってもよろしいです」と両川《りょうせん》は和睦を請うてきた。

そこで官兵衛は輝元よりの誓紙を取りつけ、明日、人質を受け取る約束をして本陣に帰ってきた。

この返事を持って官兵衛と秀吉が検討したその夜のことである。

「明智光秀が反逆し、京都において信長公父子が討ち死になされました」

との情報を持って、信長と親しい茶人の飛脚が官兵衛の所に来た。

官兵衛はその飛脚に酒食を与え、他言はけっして致すな、と念を押し、秀吉の所に行って書状を見せると、秀吉は茫然としてしばらく言葉もなかった。秀吉がやっと落ち着いたところを見はからって官兵衛は言った。

「信長公のことは御愁傷《しゅうしょう》ごもっとものことでございます。しかし見方を変えますと、この一件は秀吉殿が信長公に代わって天下を取れと天命が下ったようなものでございます。明智は反逆者で天罰をのがれることができませぬ。だからこれを討つことは簡単です。

明智を討ったあと、信長公の御子息たちを擁立しなくてはなりませぬが、その両人は器量がありませぬ。諸大名は彼らをあなどって、天下を狙い、反逆する者が必ず出てくるでしょう。それを誅伐《ちゅうばつ》してしまえば秀吉殿の威勢は強くなり、しぜんと秀吉殿が天下を治めるようになるでしょう」

「わしもそう思う。ところでこれからどうすればよいのじゃ」

秀吉は涙をふきふき官兵衛に尋ねた。

「飛脚が本能寺の変ののち一日半後にここに着いたことを天のお告げと存じます。今日の昼、毛利と和睦したことは幸運でした。この一件は明日の昼まではけっして毛利には知らせぬようにしなければなりませぬ。あす毛利よりの人質を受け入れてしまえば知られてもかまいませぬが。その受け入れが終わったあと、すぐに明智征伐に上京なされませ。殿《しんがり》はそれがしが引き受けますので」

「なるほど、なるほど。さればその飛脚を殺さねばならぬ。そこから話が漏れていくだろうから」と秀吉。

秀吉に同意したふりをして官兵衛は飛脚のところに行き、さきほどのことを口外しないように念を押し、飛脚を隠してしまった。功ある人間をそれゆえに殺すなどということはするべきではない、との固い信念からであった。

夜が明けて、小早川隆景《こばやかわたかかげ》のところに「昨日の人質の件、そうそうお渡し下され」との使者を遣わせて催促した。しかし、人質はなかなかやってこない。実はその頃、毛利方にも信長の情報が届いていたのだ。毛利は家老を集め対策を協議した。

「秀吉方に人質を出さないで、まず安芸に帰って天下の様子を見きわめるべきではないか」などの意見が出た。

「人質を出さないでよかった。信長が死んだらこちらの天下だ。逆にこちらに人質を出せと言ってやる。もし出さぬなどと言ってきたら戦いだ」と吉川元春。この人は小早川隆景の兄で、屈強な人物だ。

「兄者の言うことはもっともなことだが、もし秀吉を倒して京へ上り、天下の敵と戦うこととなれば大変なことです。かりに天下を取ったとしても、それを維持していくのは難しい。そして維持ができなかったときには毛利はおしまいでござる。父元就《もとなり》公が苦労して領地した数カ国を失い、父の興国を無にしては天下の笑い物になります。元就公の遺言に『天下を望むべからず』と書いてあったのは子孫長久を考えてのことでござる。これに背くことは不孝の極まりでござる。

信長公がすでに死んだとはいえ、子息が二人ござる。また無数の猛将がおります。それに羽柴筑前守は古今に類を見ない男であり、その下にある黒田官兵衛は智勇すぐれた国主で、この二人が謀りごとをなせば天下を取ることは簡単なことでござる。

それに敵は立地条件がよい。こちらは京からはるか離れた田舎に立地しております。だからこちらが人質を要求しても、秀吉は当家を恐れるに足らずとして人質など出さぬでしょう。そうなればいくさになります。勝つにしろ負けるにしろ犠牲は多い。また、前日和睦をし、誓紙を交わし、人質を出すと約束をしたのに信長公の死を聞いて約束を違えることは武将の本意を失い、秀吉の恨みを買い、当家のためにならぬでしょう。いま敵の不幸にのぞんで約束を実行することは秀吉の感銘を深くして、将来、毛利のためになるでしょう」と隆景。

隆景は考え深い将である。ここで秀吉を敵にするよりも恩を売っておいたほうが毛利の将来にとっては得策だ、と考えたのである。だから家老たちはこの隆景の意見にみな賛同した。

六月五日、昼もだいぶ過ぎて隆景が両川《りょうせん》の子息や弟を人質として連れて来ると、官兵衛は隆景を秀吉に紹介した。隆景は秀吉に信長のお悔やみを言った。

「毛利も後詰《ごづめ》（後押し）をいたしますので、心おきなく明智と戦い、信長公の敵《かたき》を取ってください」

「この義、肝《きも》に銘じ、今後長らく忘れないぞ」。秀吉は感涙して隆景の手を取った。秀吉は「隆景はただ者ではない」として官兵衛を隆景の陣所に密かに遣わし、忌憚《きたん》なく話をさせた。すると隆景は官兵衛に、「今後は何があっても羽柴筑前守にたいして忠義を尽くします」と約束した。隆景はこのように正直で信頼のおける人柄だったので、秀吉は後々までも隆景を頼りにした。官兵衛と隆景の友情もここに芽生えた。

自陣に帰ってくると官兵衛は秀吉に言った。

「それがしがいつも草鞋《わらじ》片足、下駄《げた》片足というのはこのときのことでございます。さあ、いっこくも早く上洛してください。撤兵の準備ができしだい二百、三百と軍を順次間断なく送り出してください。沿道の人はそれを見て、秀吉公が主人の弔い合戦のために上洛していると騒ぐでしょう。これは味方の士気を鼓舞《こぶ》し、敵に恐怖を与えますので」

六月六日、こうして秀吉は早々と高松を発っていった。

まだすっかり諦めきれない吉川元春は秀吉を追う姿勢を見せたが、しんがりを担った官兵衛はこんなこともあるだろうと、堤防を最後まで切っていなかった。もし元春が追ってくれば堤防を完全に切って敵兵を濁流に流してしまえばいい、と考えていた。けっきょく元春は諦めざるをえなかった。

途中、本隊に追いついた官兵衛は秀吉に言って、毛利方の人質を解放させた。これからの明智との戦いに勝っても負けても毛利方の人質は必要なくなる。負ければ秀吉は没落するだろうし、勝てば毛利と仲良くやっていかねばならない。どちらにしても人質はもう必要ないのだ。

隆景は秀吉と官兵衛のこの措置に深く感謝した。

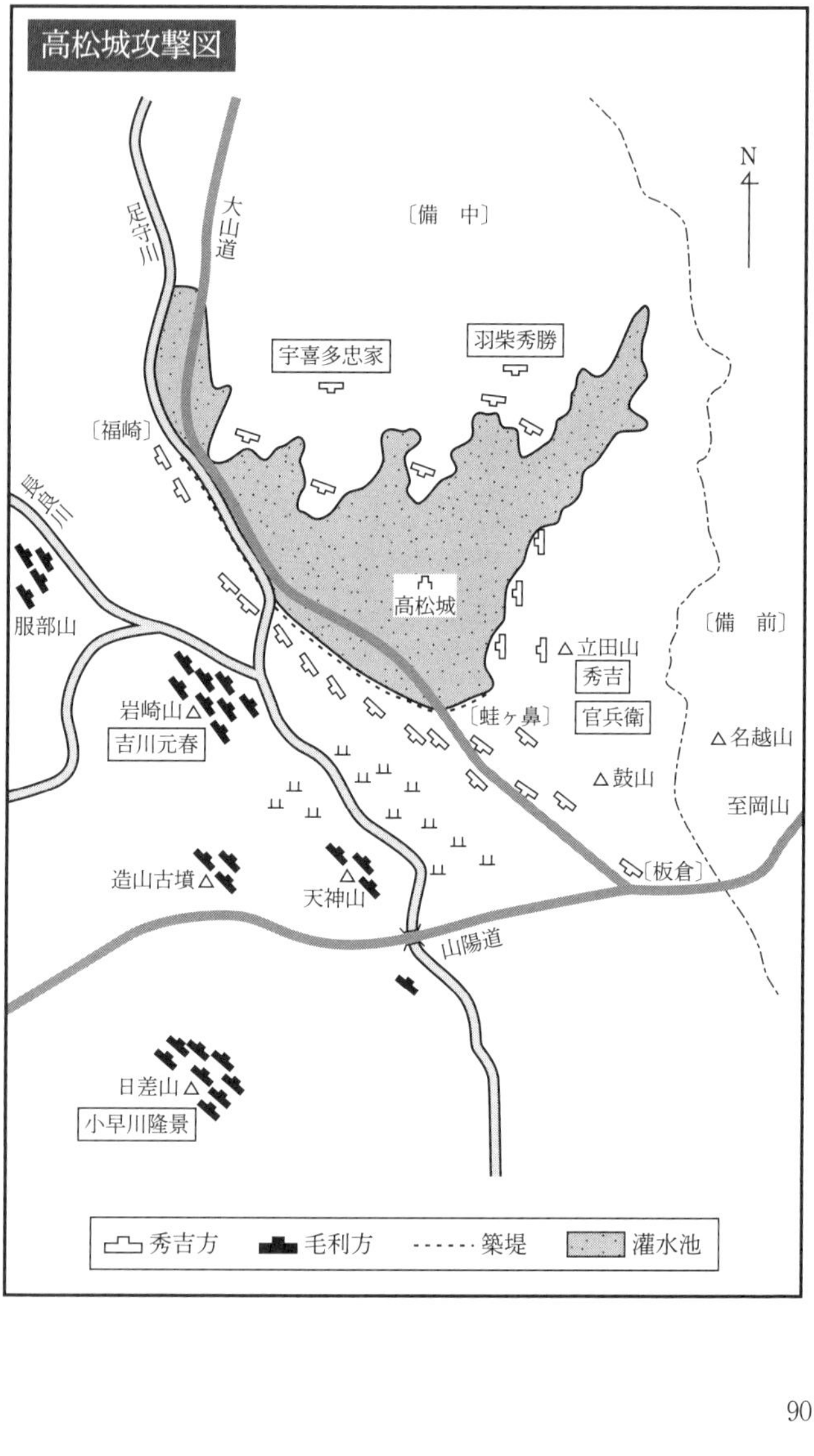
高松城攻撃図
N
足守川
大山道
〔備　中〕
宇喜多忠家
羽柴秀勝
〔福崎〕
長良川
服部山
高松城
立田山
秀吉
〔備　前〕
岩崎山
吉川元春
〔蛙ヶ鼻〕
官兵衛
名越山
鼓山
至岡山
造山古墳
天神山
〔板倉〕
山陽道
日差山
小早川隆景
秀吉方
毛利方
築堤
灌水池

## 山崎の合戦

秀吉は夜を日に継いで京に上った。備前の宇喜多も味方とはいいながら、信長の討ち死にのことを聞けばどうなることやらと心配していたところ、直家は七年前に死に、跡継ぎの八郎（秀家）は二歳であるから、家老たちは幼少の主人を支えて秀吉に忠義を尽くした。秀吉は後に加賀の前田利家の娘を自分の養子にして、この八郎と結婚させ、中納言に任じ厚遇した。秀吉はこのときの宇喜多方の協力にたいへんな恩義を感じたのである。

さて、姫路城のそばを通るので、そこでひと休み、と秀吉も部下も思っていたところ、

「城へは寄らず、すぐにお上りいただいたほうがよろしいかと存じます」

と官兵衛は言った。そして、

「ちょっと、と思っても出立は必ず遅れます。大和の筒井順慶《つついじゅんけい》や細川幽斎《ほそかわゆうさい》（藤孝）などは明智と身内の者でございます。とくに息子細川忠興《ただおき》の妻は明智の娘でございます。これらが明智陣に馳《は》せ加われば状況は困難になります。したがいまして少しでも早く上

京すべきと存じます」

「よくぞ申した。わしもそう思っておったところだ」

秀吉はそう言って、姫路城に寄った者は打ち捨てるべし、との触れを出した。

官兵衛はひと足先に姫路の町人に「河原にて粥を作り、そこで軍勢全員に食べさせることはできようか？」と尋ねれば、

「せっかくの官兵衛さまのお願いですし、秀吉公は新しい領主さまでございますから、なんとかして御馳走を差し上げたいと存じます」と町人たち。

そう言って、鍋・釜などを河原に持ち出して、かいがいしく粥を作り、数万の軍勢に残らず食糧や酒を提供した。秀吉は馬上で酒を飲み、この心づけに感銘し、のちになって姫路の町の地租を免除した。

兵庫に近づくと軍勢の中に毛利と宇喜多の旗がひらめいているのを見て、秀吉が官兵衛に尋ねた。

「わしは毛利や宇喜多に援軍を頼んだ覚えがないのにどうしたことじゃ」

「はい、毛利の旗は隆景と別れるときに、宇喜多の旗は宇喜多の領地を通過したとき

にいただいてまいりました。もうそろそろ敵陣に近くなりましたので、その旗を上げさせたのでございます。おそらく明智はすでに間者を沿道に出していることでしょう。間者や明智はこの毛利の旗や宇喜多の旗を見て怖《お》じ気つき、味方はこの旗を見て勢いづくことでしょう」

秀吉はその返答を聞いて感心したのはもちろんのことであるが、官兵衛を恐ろしくも思ったのだった。

明智光秀は六月二日に信長を討ち取ったあと、京都の治安を見届け、四日に京都を発ち、翌日近江安土に着き、安土《あづち》城を奪い取った。それから畿内を征覇せんとして山城国の洞《ほら》ヶ峠（京都府八幡市八幡南山、山城・河内の境）に至った。

秀吉がすでに摂津江口《えぐち》（大阪市東淀川区）あたりまで来ていると聞いて、光秀は驚き、十二日、山崎の勝竜寺《しょうりゅうじ》城（京都府長岡京市勝竜寺）に入った。そこから光秀は山崎の宝積《ほうしゃく》寺《じ》（通称宝寺、京都府大山崎町天王山中腹）を本陣に構えようとしたのだが、それは秀吉も同じで、その宝積寺をめぐる攻防戦になったが、数と智略に優る秀吉方に取られてしまった。そこで光秀は山の麓に陣を敷いて戦ったが、その戦いにも敗れ、勝竜寺城に帰陣した。秀吉側の軍勢はすかさずその勝竜寺城を包囲した。

官兵衛は秀吉に進言した。

「明智は命をかけて防備しようとするでしょうが、兵は大軍に囲まれ怖じ気ついています。今夜、城の一方の口を空けておけば兵の大半はそこから逃げていくでしょう。明智も逃げていくかもしれませぬ。かりに残ったとしても明日の合戦はもう勝敗は目に見えております。明智の領地丹波の方角の囲いを空けて攻めたらよかろうと存じます」

秀吉は官兵衛のその進言を取り入れて、北の方角を空けておいた。その夜、案の定、光秀の兵は大半がその空き口から逃げ出し、光秀も従者五、六人を召し連れ密かに城を出て、近江坂本城（大津市下阪本三丁目）へとめざした。

「明智は逆賊なり。明智を打ち取った者は誰によらず褒美をとらす」

との高札をあちこちに立てたところ、さっそく山科の農家の者が光秀を討ち、その頭と体を持ってきた。それは腐敗していて、やっと光秀と見分けがつくほどであった。

伏見山を過ぎ、伏見本経寺《ほんきょうじ》（伏見区小栗栖《おぐるす》小阪町）の近くの竹やぶで百姓に槍で突き殺されてしまったのである。五七歳。わずか十一日の天下であった。

明智光秀はもと細川幽斎《ゆうさい》（藤孝）の家臣だったが、その後、信長に仕えて気に入られ、知行を得た。信長が近江を手に入れたときに近江坂本城十万石を与えられ、五畿内（大和・山城・河内・和泉・摂津）が信長の傘下になったときに丹波の国をもらった数少ない出世者なのである。

細川忠興《ただおき》（光秀の娘婿）・筒井順慶《じゅんけい》（光秀と義兄弟）も光秀の反逆を知って兵を出し、明智方から一里ばかり隔てて防備したが、何にしても不義の立起であるから与《くみ》しがたく、一線を画《かく》して眺めていた。親戚筋の細川・筒井でさえそのような状態であるから他の者はいっそう光秀に距離を置いた。

「羽柴殿のこのたびの戦功はなかなか凡人にはできないことだ。天下の主になる資質がある」

今回の戦いで人はこのように噂するようになった。官兵衛自身も有名になった。秀吉の与望《よぼう》を担《にな》いさまざまな作戦を具申し重用されたので、やりがいのある毎日であった。

# 第四章　秀吉の天下統一

## 賤《しず》ヶ岳《がたけ》の合戦

天正十一年（一五八三）官兵衛三八歳

天正十年六月、当主を失った織田氏の後継者を決定する会議が清洲城《きよすじょう》（愛知県清須市）で開かれた（清洲会議）。その場で信長の三男・織田信孝《のぶたか》を推す柴田勝家と、本能寺で亡くなった嫡子織田信忠の子である三法師《さんぼうし》（のち秀信《ひでのぶ》）を推す秀吉が激しく対立した。結果的には同席した丹羽長秀らが織田秀信擁立に賛成したためにこの後継者問題はひとまず決定した。

さらに秀吉は翌月に自らの主催で大規模な信長の葬儀を執《と》り行った。勝家や信孝らは秀吉のこれらの一連の行動を自らの政権樹立のための示威《じい》行為であると考え、憤り、武力衝突寸前の状態だった。

そんな中、いったん秀吉と勝家は和睦をしたのだが、それは両者互いに見せかけの和睦であった。天正十年十二月、秀吉は和睦を反故《ほご》にして大軍を率いて近江に出兵、勝家の養子でもある長浜城主柴田勝豊を攻撃した。北陸は既に雪深かったために勝家は援軍が出せず、柴田勝豊は、わずか数日で秀吉に降伏してしまった。さらに秀吉の軍は美濃に進駐、岐阜城にあった織田信孝を降伏させた。

越前・北ノ庄城にあった柴田勝家はこれらの情勢に耐え切れず、ついに天正十一年二月、残雪をかきわけ近江に向けて出陣した。三月、勝家は三万の軍勢で近江柳ヶ瀬（長浜市余呉町柳ヶ瀬）に布陣した。

一方、秀吉は五万の兵で賤ヶ岳《しずがたけ》の東、木之本《きのもと》（滋賀県長浜市木之本町木之本）に陣を取った。全十二陣のうち第五陣の官兵衛もその木之本にあった。ここは官兵衛の先祖の地で、陣のすぐ近くの黒田《くろだ》（木之本町黒田）という所が黒田家発祥の地である。何につけ合理的な官兵衛とはいえ、そこに因縁めいたものを感じた。

四月十七日、一度は秀吉に降伏していた織田信孝が伊勢の滝川一益《いちます》と結び、ふたたび挙兵、岐阜城下へ進出した。急きょ、近江、伊勢、美濃の三方面作戦を強いられた秀吉は再び美濃に進軍して大垣城に入った。

それを知り、四月十九日、柴田勝家は佐久間盛政《さくまもりまさ》（勝家の甥）八千の兵に大岩山砦（余呉湖東）を攻撃させた。その支援として柴田勝政三千の兵を賤ケ岳（滋賀県長浜市）に張りつけた。賤ケ岳は琵琶湖と余呉湖《よごこ》の間にあり、秀吉方の守将桑原重晴が陣を取っていた。柴田勝政は盛政の実弟で、柴田勝家の養子である。ただ勝家は彼らに深追いは禁じていた。

盛政の猛烈な攻撃によって大岩山の砦はいっきょに破られ、陣将中川清秀《きよひで》は戦死した。その報を聞いて隣の岩崎山の高山右近（清秀いとこ）は陣を捨てて木之本の本陣に逃げ帰ってきた。一方、賤ケ岳の桑原重晴は形勢が不利であることを知って撤退寸前の状態だった。

官兵衛たち本陣も動揺した。ここは何もない野陣、佐久間隊が怒涛のように攻めてきたら防ぎようがない。官兵衛は死を覚悟して、家臣の栗山四郎右衛門に息子の長政（十六歳）を連れて戦線を離脱するように命令をしたが、栗山四郎右衛門は不服だった。武士であるからには戦って死にたかったのである。しかし官兵衛の説得を聞いてしぶしぶ長政と逃げ落ちている途中、こんどは長政が父の措置に反対した。けっきょく二人はまた戦場に戻ってきたのである。

使者より味方の危機の知らせを受けて、秀吉一万五千は大垣からの十三里（五二キロメートル）の道のりを五時間で取って返し（秀吉の美濃大返し）、賤ヶ岳南側に本陣を張った。それを見て佐久間盛政はもと来た道を撤退した。しんがりを受け持ったのは勝政である。この勝政を秀吉本隊と秀長や官兵衛を含む本陣の兵は厳しく勝政の兵を追撃した。

かろうじて権現坂（余呉湖北西）まで撤退してきた盛政隊は苦戦する勝政隊を見殺しにするわけにもいかず、引き返し、余呉湖西側で激しい白兵戦を展開した。このとき官兵衛軍は敵の首をたくさん討ち取り、長政も敵武者の首を取った。

盛政隊はやっと勝政隊と合流し、また権現坂まで引き返してきたときに、その後ろに控えていた前田利家隊二千が、なんと、戦線を離脱してしまったのだ。そのため前田に対峙していた木村隼人正《はやとのかみ》の隊が余呉湖の北側から盛政・勝政隊を挟撃《きょうげき》したのである。

前田隊の離脱や佐久間隊の苦戦を目の当たりにして援軍の金森隊や不破隊も敵前逃亡してしまった。そのため盛政・勝政隊は壊滅状態になり、盛政はほうほうの体で逃げ延びたが勝政は討ち死にしてしまった。秀吉本隊はただちに狐塚（滋賀県余呉町今市）にいた柴田勝家本陣を襲った。

柴田勝家の本陣はわずか三千の兵なのだが、勝家は勇猛な大将だったから、迎え撃とうとしたが部下に諌《いさ》められて、越前の北ノ庄城（福井城、福井市大手）に落ち延びた。しかしやがて秀吉は圧倒的な数で北ノ庄を囲み、兵の配備を欠いた勝家は自害し、落城した。妻のお市（信長妹）の方は夫と自害し、娘の茶々（のち秀吉側室、淀殿）・初（のち京極高次正室）・江《ごう》（のち徳川秀忠正室）は秀吉の保護のもとに助けられた。

この戦いにより信長の跡目として秀吉は盤石な基盤を築いた。

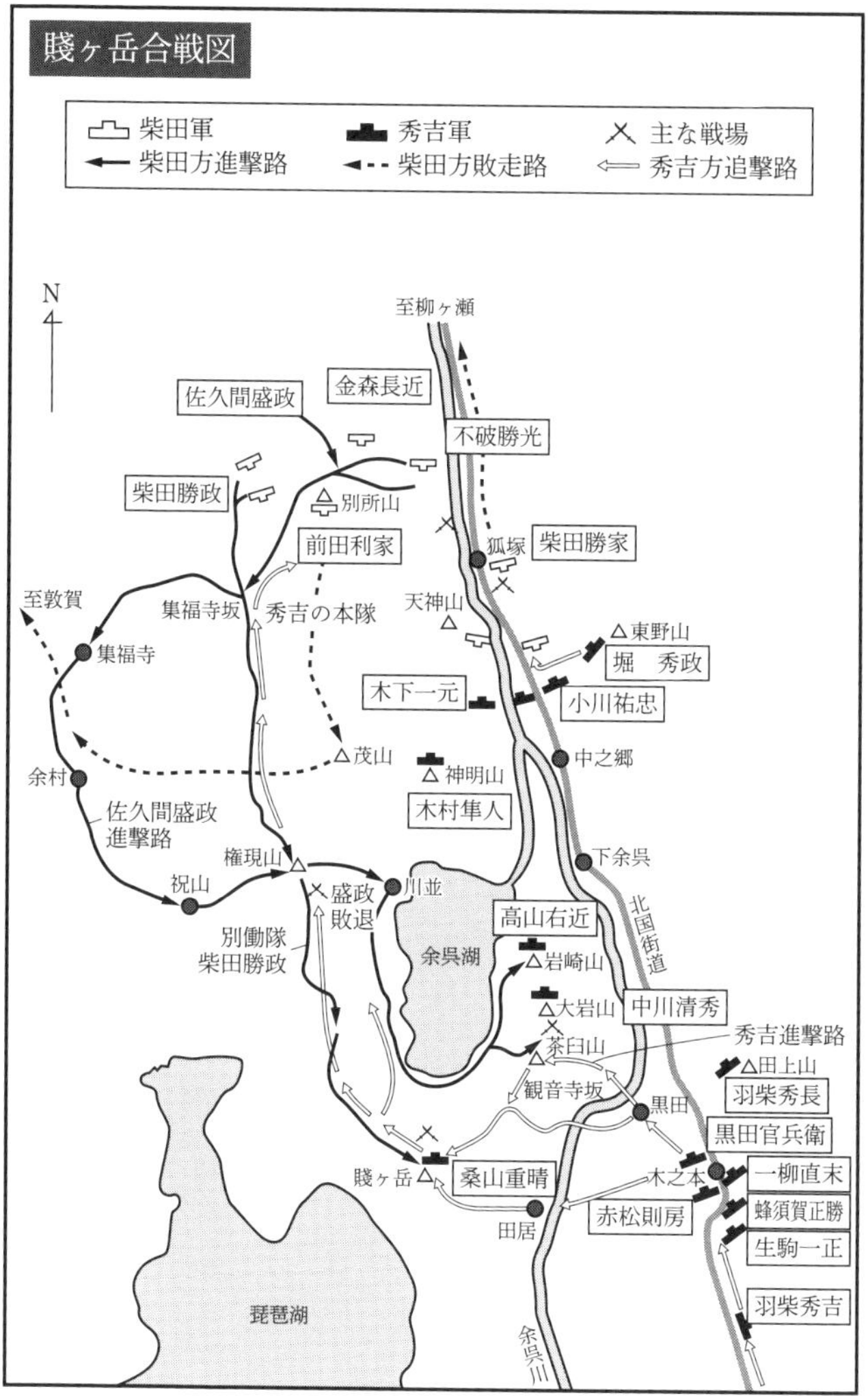
賤ヶ岳合戦図
柴田軍
秀吉軍
主な戦場
柴田方進撃路
柴田方敗走路
秀吉方追撃路
N
至柳ヶ瀬
金森長近
佐久間盛政
不破勝光
柴田勝政
別所山
前田利家
狐塚
柴田勝家
至敦賀
集福寺坂
秀吉の本隊
天神山
集福寺
東野山
堀　秀政
木下一元
小川祐忠
茂山
中之郷
余村
神明山
木村隼人
佐久間盛政
進撃路
権現山
下余呉
祝山
川並
盛政
敗退
高山右近
北国街道
別働隊
柴田勝政
余呉湖
岩崎山
大岩山
中川清秀
秀吉進撃路
茶臼山
田上山
観音寺坂
羽柴秀長
黒田
黒田官兵衛
木之本
一柳直末
賤ヶ岳
桑山重晴
田居
赤松則房
蜂須賀正勝
生駒一正
羽柴秀吉
琵琶湖
余呉川

## 【官兵衛とキリスト教】

この年（天正十一年）に官兵衛はキリスト教の洗礼を受けた。洗礼名は「ドン・シメオン」だった。しかし官兵衛のキリスト教への帰依はもっと早かったかもしれない。官兵衛が秀吉に命ぜられた姫路城の改修工事からは十字架の鬼瓦が出てきている。天正八年（一五八〇）、官兵衛三十五歳のときのことである。天正十五年には息子の長政と弟の図書助《ずしょのすけ》（直之）に対して洗礼を受けさせている。

「Simeon Josui」のアルファベットが刻まれた印が押された画像の讃《さん》が残っている。官兵衛をキリスト教に誘った人物は高山右近にちがいない。とうじ有名なキリスト教徒には右近のほかに小西行長・大友宗麟・細川ガラシャなどの大名やその縁者がいるが、なんといっても高山右近が有名だ。右近は秀吉が天正十五年にバテレン追放令を出したときにも秀吉の棄教命令にしたがわず、改易《かいえき》（領地没収）になったほどの熱心な教徒だった。

生来、人道主義的な性格をしていた官兵衛にはキリスト教は受け入れやすい宗教だった。それと合理的な精神に富んでいた官兵衛には西洋の武器・武具・兵学に興味があり、それらを学ぶためにもキリスト教が必要だったにちがいない。

しかし天正十五年にバテレン追放令が出たときには、官兵衛は右近とは違い、秀吉に抵抗せず、表面的にはキリスト教より離れている。それは為政者としての秀吉の追放令があるていど理解できたことと、官兵衛のキリスト教への帰依《きえ》が強固なものではなかったことによる。

秀吉のバテレン追放令は、キリスト教が、

一、他の宗教排除が過激過ぎること。

一、他国侵略の先兵となっていること。

一、他国の奴隷売買と一体となっていること。

一、信徒がまとまれば一向宗よりも手ごわいこと。

一、九州にキリシタン大名が集中過ぎること。

などが原因と考えられ、頭の回転がよい官兵衛には秀吉のその危惧《きぐ》が充分に理解できたからである。

それでも官兵衛はひそかにキリスト教を信奉した。それは生涯妻以外の女性を側に置かなかったこともその証左になるし、宣教師が本国ポルトガルに送った文書の中に如水の名がしばしば見られることでもわかる。

日本の文書の中にはキリスト教と官兵衛をむすびつけるものは何もない。それは秀吉のバテレン追放令のこともあるが、徳川時代になってからキリスト教禁教令が本格的になったので、黒田家の文書はじめすべての関連文書が官兵衛とキリスト教とのことを削除してしまったからである。

## 小牧・長久手《ながくて》の戦い

天正十二年（一五八四）のこの戦いには官兵衛は参加していない。この戦いの頃、官兵衛は毛利との境界交渉で中国に出向いていた。

この戦いは天正十二年に、秀吉陣営と織田信雄《のぶかつ》（信長次男）・徳川家康共同陣営の間で行われた戦いである。

信長後継に野心のある信雄は天正十二年に自分の家臣のうち親秀吉派の三家老を処刑し、徳川家康と同盟を結んだ。こうして信雄は家康とともに挙兵したことから、実質的には秀吉と家康の戦いとなる。

清洲会議後、秀吉に対する反発を強めた織田信雄を家康が担《かつ》ぎ、秀吉包囲網の形成につとめた。三月に信雄軍と合流した家康軍三万は小牧山（愛知県小牧市）に本陣を置き、三倍以上の大軍である秀吉本隊と対峙《たいじ》した。

先にしびれを切らしたのは秀吉軍のほうだった。四月、羽柴秀次を総大将とする別働隊で三河攻撃を企てた。が、家康はこの動きを見抜いて逆にその別働隊を挟撃《きょうげき》し、池田恒興《つねおき》（信長義兄弟・輝政父）・元助父子、森長可《ながよし》（森蘭丸の兄）らを討ち死にさせて大勝した。

その後、戦況は再び膠着《こうちゃく》状態に陥った。その頃、官兵衛は中国の仕事を終え、この戦場に帰ってきた。秀吉が小牧山の失敗の回復策を官兵衛に相談すると、織田信雄と和睦したらいいとの話になった。

十一月に信雄と秀吉は家康に無断で単独講和を結んだ。このため、信雄を擁していた家康は秀吉と戦う大義名分を失って撤兵し、十二月に息子の結城秀康《ゆうきひでやす》を人質に差し出して秀吉と和議を結んだ。

この年、黒田長政は秀吉の仲介で蜂須賀小六《はちすかころく》（正勝）の娘と結婚した。その娘は秀吉の養女となって長政に嫁していったのである。蜂須賀小六は秀吉の糟糠《そうこう》の臣である。これにより長政は秀吉とのかかわりが強くなっていった。

## 四国攻め

天正十三年（一五八五）官兵衛四十歳

四国は長宗我部元親《ちょうそがべもとちか》が土佐の国主から成長し、阿波《あわ》（徳島）・讃岐《さぬき》（香川）・伊予《いよ》（愛媛）をつぎつぎに征覇《せいは》し、四国全体を支配下においていた。元親は賤ケ岳や小牧・長久手の戦いでは敵方についた。昨年（天正十二年）は仙石秀久《せんごくひでひさ》や小西行長を元親と戦わせたが秀吉方が敗退していた。それやこれやで秀吉は元親に対する忍耐が頂点に達していたのである。

春、秀吉は長宗我部元親に対して伊予・讃岐の返納命令を出した。しかし元親は伊予一国で済まそうとしたが秀吉はそれを認めず、両者の交渉は決裂した。六月、秀吉は四国を平定せんがために弟の羽柴秀長（小一郎、大和大納言）を大将、甥の羽柴秀次を副将として六万の兵を送った。

毛利輝元も叔父の小早川隆景に三万の兵を与えて加勢した。秀吉は宇喜多秀家《うきたひでいえ》らを讃岐へ、小早川隆景・吉川元長（元春嫡男、天正十五年死）らの毛利勢を伊予へ、羽柴秀長・

秀次の兵を阿波《あわ》へと同時に派遣し、長宗我部方の城を相次いで攻略した。官兵衛と蜂須賀小六は軍の検使として秀長の本隊に加わった。参謀役である。

本隊はさいしょ讃岐の植田城（高松市東植田町本村）を攻めようとしたが、官兵衛が下見をした結果、以下のように判断した。

「植田城はじめ各地の端城《は》（支城・出城）は守りが弱く、兵は軟弱だ。したがって正面から相手にするような城兵ではない。それらを相手にしていればいたずらに日を費やすのみだ。これらは長宗我部元親のいる阿波の本城を落してしまえばことごとく降参してしまうにちがいない。だからこの際、いっきに阿波に攻め入るべきだ」

そのような趣旨を官兵衛が述べると秀長はそれに同意したので、本隊の諸将は阿波に直接攻め入った。実は長宗我部元親は植田城に秀吉方の本隊をひきつけておいて、阿波から峠越えして間道をつかい、夜襲で敵を壊滅するつもりだった。それを官兵衛に見破られてしまったのだ。

本隊は二手に分かれ、途中、端城を落したり無視したりして進軍した。官兵衛は秀次と岩倉城を攻めた。岩倉城（徳島県美馬市脇町田上）は長宗我部掃部頭《かもんのかみ》が守っていたが、要害の地なので正面攻撃ではとても落せる状態ではなかった。そこで官兵衛は秀次の許可をもらって一計を案じた。まず、城の横を流れる吉野川を迂回させてしまって、水がなくなった河床の上に城と同じ高さにやぐらを組み、そこから城をめがけて銃を撃ち、鬨《とき》の声をあげた。いかに強兵といえども敵は浮足立って、十九日目に開城してしまった。

元親は阿波白地《はくち》城（徳島県三好市池田町白地）を本拠に阿波・讃岐・伊予の海岸線沿いに防備を固め、抗戦した。しかし阿波戦線が崩壊して白地城までの道が裸に晒《さら》されると、元親は反戦派の家臣の言を容れて七月二五日に降伏した。

けっきょく秀吉は阿波・讃岐・伊予を没収し、土佐一国のみを安堵（承認）した。後になって元親は言ったものだ。

「植田城の策略を見抜いたのはやはり黒田官兵衛殿だったのか。宇喜多は大軍を率いて安心し、仙石秀久は去年引田の戦いに負けていきりたっているだろうから植田城におびきよせるのは簡単だと思っていたが、戦い巧者の黒田殿のために見破られ、計略が水泡に帰してしまったわい」

没収した阿波の約十八万石は蜂須賀小六、讃岐十万石は仙石秀久、伊予のうち三五万

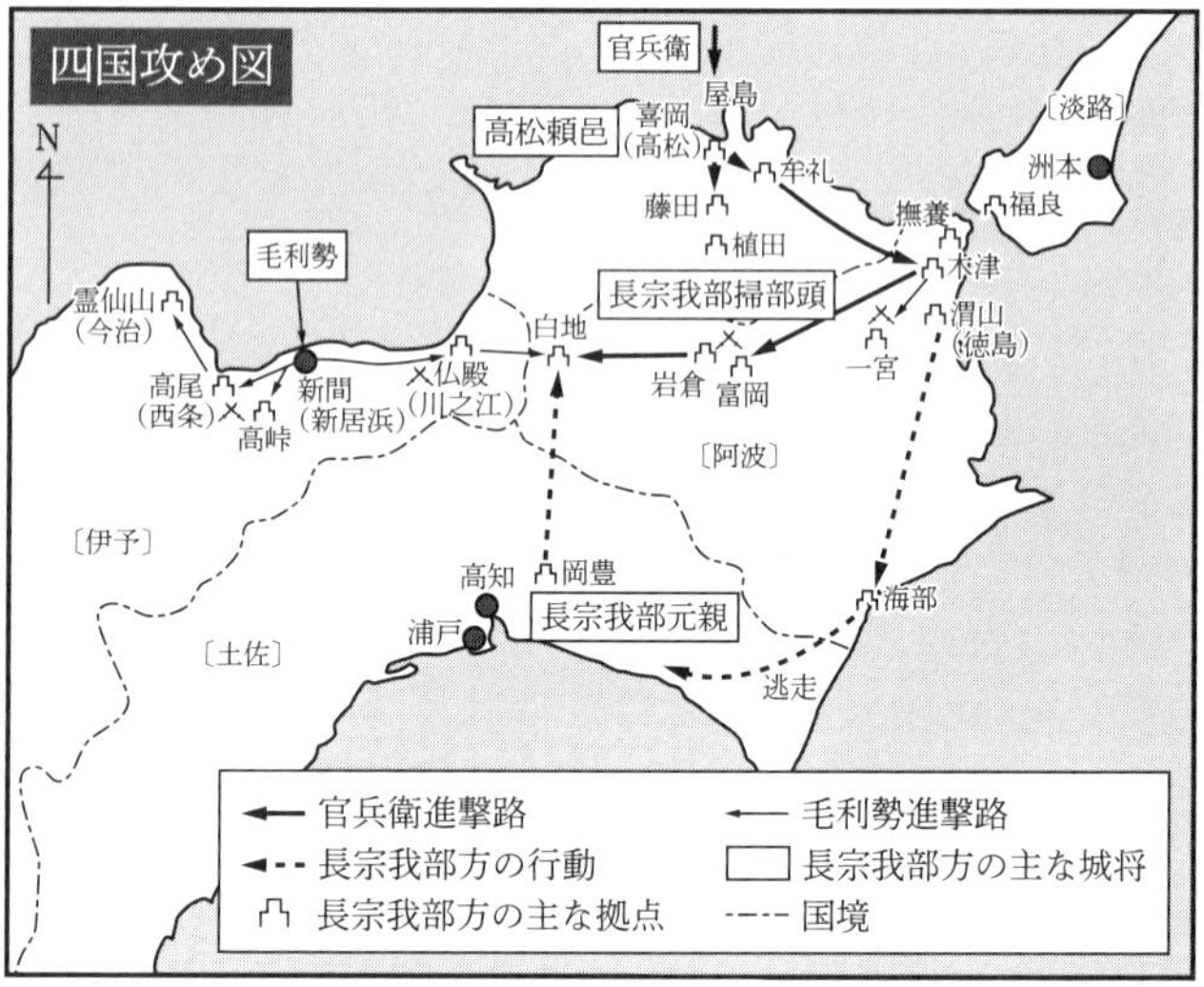


石は小早川隆景、二万三千石は安国寺恵《あんこくじえ》瓊《けい》、にそれぞれ与えられた。

このとき官兵衛は伊予に遣わされ、右の者に知行を配分する役を担った。官兵衛は秀吉の意向を隆景に伝えた。

「秀吉公は昨年吉川殿と小早川殿が伊予の河野《こうの》（通直《みちなお》）の加勢として何回も出陣したことを聞いて今回伊予を隆景殿に賜ったそうです。秀吉公は来年は九州征伐を考えておられます。吉川殿は隠居といえどもいくさの巧者ですから九州陣にはぜひ御出陣のほどお願いいたします。九州を平定すれば筑前一国を吉川殿に賜ることでしょう。筑前はむかし両川《りょうせん》殿が大友と争った土地ですから吉川殿にこれを賜ってこそ、両川殿がともに納得する処置となることと秀吉さまは考えておられるのです」

秀吉は今回吉川に恩賞がないことを気にしていたのである。

七月、秀吉が関白となる。

八月二二日、官兵衛の父職隆が姫路城にて死す。六二歳。法名　宗円。

## 秀吉の九州平定

天正十四年（一五八六）官兵衛四一歳

薩摩の島津義久《しまづよしひさ》は薩摩・大隅《おおすみ》・日向《ひゅうが》の自領三国のほかに、豊後《ぶんご》の大友、肥前《ひぜん》の龍造寺《りゅうぞうじ》と争い、筑紫（九州）全体を自分の物にしようとしていた。

七月十四日、島津は大友を滅ぼすべく五万の大軍を率いて、大友の家臣高橋紹運《じょううん》がこもる岩屋城（福岡県太宰府市浦城）に侵攻して来た。このときの高橋勢はわずかに七六三名であったが、紹運は島津軍の降伏勧告をはねつけて徹底抗戦した。その結果、半月ほどの攻防戦のあと紹運をはじめとする高橋勢は七月二七日に全員討ち死にし、岩屋城は陥落した。

立花城（福岡県新宮町）の城主立花宗茂《むねしげ》（統虎《むねとら》・左近将監）は高橋紹運《じょううん》の実子で、大友の傘下にあった。今回、島津が父を殺したことに怒り、八月二五日、わずかな手勢で島津の筑前出城高鳥居《たかとりい》城（福岡県須恵町上須恵）におしよせ、城主を殺した。

このように島津の兵は豊後大友義統《よしむね》（大友二二代当主、大友宗麟《そうりん》の長男）の領地に入ってきてしばしば戦いをひき起したので、大友は秀吉に援助を要請した。秀吉は島津に薩摩・大隅・日向の三国と豊前・肥後の半国の領有を認めたがそれ以上は認めなかった。

秀吉は使者を使って島津義久に文書を送った。それには、合戦をやめて上洛すべし、と書かれていた。それを読み、義久はあざ笑った。

「かの猿面《づら》の藤吉郎がわしに上洛せよとは片腹痛いわい。返答にもおよばず」として文書を投げ捨てた。

筑紫は遠国でこの乱世の時節では上方《かみがた》からの往来が少ないので、秀吉の武威盛んな事を知らない。島津はまだ秀吉の怖さを知らなかったのである。秀吉はこのことを聞き、島津の征伐と九州の平定に乗り出した。

まず毛利輝元、吉川・小早川、ほかに土佐の長宗我部元親や讃岐の仙石秀久をはじめとする四国の軍勢を筑紫に下し、敵を平定する作戦にでた。それについては官兵衛を軍奉行として豊前《ぶぜん》に派遣した。豊前は九州の入り口だからだ。軍奉行とは秀吉の名代《みょうだい》として諸将を統括する役である。軍事全般の総指揮官である。九州が平定されればその一国を官兵衛に与えると秀吉は約束をした。

命《めい》を受けて官兵衛は自分の兵三千を率いて九州へ遠征した。三千といえば、官兵衛の石高にしては不相応に数多い出兵である。秀吉との約束に官兵衛は気合が入っていた。官兵衛はこのとき勘解由次官《かげゆのすけ》を任官した。

七、八月は海上の波が荒い時期なので陸地を行ったほうがよい、と言われ、七月二五日に京都を発ち、山陽道を十日余かかって豊前小倉《こくら》に着いた。毛利輝元も秀吉の命にしたがい、まず先陣として叔父の吉川元春と小早川隆景を豊前に派遣した。この二人は八月十日に安芸《あき》を出発して豊前にむかった。輝元は八月十六日に居城安芸広島を発ち、数日して豊前門司《もじ》に着き、そこに要害を構えた。追々に集まる軍勢はいずれも長門《ながと》の赤間関《あかまがせき》（馬関、下関）に集合し、その後、豊前へ渡海した。

官兵衛や毛利など、秀吉の先兵が豊前に上陸すると、豊前の多くの城主が降参し官兵衛の傘下となった。馬ヶ岳（福岡県行橋市津積）の城主長野《ながの》三郎《さぶろう》左衛門《えもん》、時枝（大分県宇佐市下時枝）の城主時枝《ときえだ》平大夫《ひらだゆう》、宇佐（宇佐市安心院町龍王）の城主宮成《みやなり》右衛門《えもん》（のちに黒田安太夫と改名）などである。

また筑前の高橋元種《もとたね》は島津方であるから、その傘下の国侍はその端城である小倉・宇留津の両城に立て籠もった。まず官兵衛や毛利はこの小倉城を落し、つぎに宇留津城（福岡県築上町宇留津）を攻略した。敵二千のうち千の首を取り、残る男女三七三人を生け捕りにして磔《はりつけ》にした。その後、敵将高橋元種《もとたね》がいる香春岳《かはるがたけ》城（福岡県田川郡香春町）を攻め落した。高橋元種は罪を悔いて降参したので、これを許した。

十一月十五日、吉川元春が小倉にて病死した。その子元長が跡を継いだ。

九州の国侍《くにさむらい》はまだ秀吉の威勢が盛んなことを知らない者が多い。それで官兵衛は筑前・築後・肥前《ひぜん》・肥後に回文をつかわし、その中で秀吉の武力を述べ、「急ぎこちらに味方するように、そうすれば秀吉公へその旨を申し上げ、本領を安堵するように致す」と告げたのでその趣旨にしたがい降参してくる者が多かった。これにより肥前の鍋島・松浦・大村、肥後の相良《さがら》、日向の伊東などが恭順し、領地が安堵された。

残る薩摩の島津は九州の大敵であるうえ、その行路は難所なので大軍でなければ攻め入ることができない。「秀吉公の御下向を待ち、それまでは軽はずみな行動をしないように」とたびたび全軍に注意をしていたので、各将はみだりに攻め入ることはなかった。官兵衛は香春岳に陣を取って秀吉の下向を待った。

十二月一日、秀吉は全国の諸将に「来年三月一日、筑紫征伐に出陣すべし。東国・畿内の軍兵は二月二十日まえに大坂に集合すべし」との触れを出した。これにより畿内五ケ国、北陸道五カ国、南海道（紀伊・淡路・四国）・近江・美濃・伊賀・伊勢・尾張十一カ国、山陽道八カ国、山陰道八カ国、おおよそ三七カ国の兵合計二十万余を揃えた。このうえに筑紫の兵が参戦するのでその数は莫大になる。兵三十万の兵糧、馬二万匹の飼料を数カ月分用意し、まず兵糧米十万石を下関に送ってきた。

天正十五年（一五八七）官兵衛四二歳

三月二九日、秀吉が小倉に着いた。ここで軍評定《ひょうじょう》をし、総軍勢を南北二手に分けた。

南軍は羽柴秀長を大将としてそれに従う者は、中国衆（毛利輝元・吉川元長・小早川隆景・宇喜多秀家・黒田官兵衛ほか）・四国衆（阿波の蜂須賀・土佐の長宗我部ほか、豊後の大友義統など）計八万余人。これは小早川を先陣として豊後より日向を経て薩摩に攻め入ることにした。

北軍は秀吉みずから大将として、旗本・畿内・北国・美濃・伊勢などの諸侯十万余人を率いて豊前より筑前・築後・肥後を経て薩摩に攻め入ることにした。

さて、秋月の城主秋月種実《あきづきたねざね》（高橋元種の実父）は先年より島津に属して秀吉には従っていなかった。本城は秋月の里（福岡県朝倉市秋月野鳥）上野古処山《こしょざん》という大山である。要害の地である。そのほかに豊前の岩石城《がんじゃく》（福岡県添田町）、筑前の大隈城《おぐま》（福岡県嘉麻市中益）にも兵を置いて秀吉を迎え撃った。

岩石城はその名のとおり要害の地にあったが、秀吉軍副将の蒲生氏郷《がもううじさと》は表から、やはり副将である前田利長は裏から攻め、一日のうちに陥落させてしまった。大隈城は秋月種実の父の隠居城だったが、岩石城が簡単に落城したのを知り、城兵は城を捨て本城の古処山に退いた。やがて秀吉は大隈城に入城した。

翌日秀吉は大隈城から古処山の城をめざして進んだ。その大軍勢と岩石城を一日で落城させた攻城の激しさから秋月父子は驚き恐れ、種実は髪を剃り、墨染《すみぞめ》の衣を着て、その子種長とともに赦免《しゃめん》を願った。

秀吉は床几《しょうぎ》に腰をかけて対面し、「いままではどうしても首を斬ろうと思っていたが、このように憐れみを乞う様子を見れば急に不憫《ふびん》になってきた。それでは命を助けるので薩摩征伐の先陣となり忠節をつくせ」と言って赦《ゆる》した。

四月四日、秀吉は秋月の荒平城《あらひら》（福岡市早良区東入部）に陣を取った。ここに三日間逗留《とうりゅう》して人馬を休めた。その間に肥前の龍造寺《りゅうぞうじ》はじめ壱岐《いき》・対馬《つしま》・平戸・大村など二十余の城主が人質を出し、おみやげを捧げ、門前市をなすがごとくに恭順してきた。これらはみな島津の配下にあった城主だが、秀吉の武威を恐れて降参してきた。

南軍は日向と豊後境にある高城《たかじょう》（宮崎県高城町）という薩摩の城を攻めた。この高城の近くの財部《たからべ》（宮崎県高鍋町）というところにも島津の端城があり、そこからの寄せ手が秀吉方の高城攻撃を妨害していた。

この情況を官兵衛・石田三成・蜂須賀小六・黒田長政などが視察に出たときのことである。長政が皆に以下のようにお願いした。

「明日、敵（財部兵）の通路を遮断します。道に伏兵を置き、敵が妨害に出陣するところを襲おうと存じます。拙者、これからその道を下見に行ってまいります。皆さまは先に船でお帰り下さい」

しかし石田三成は長政がまだ若いので、そのやり方が危うい<br>と思って、よい返事をしなかった。官兵衛や蜂須賀小六は長政が下見をすることはよい事だと思っていた。ただ、財部城（高鍋城・舞鶴城）から兵が出撃してくることがあるかも知れないので、「今日は合戦の用意はしてこなかったが、一緒に来た将兵と若い者を連れていったほうがよい」として黒田兵庫助（利高、官兵衛実弟）・栗山大膳（四郎右衛門の息子）・母里太兵衛・後藤又兵衛・竹森新右衛門ら三十騎、足軽七、八十人を供させた。また蜂須賀小六は長政が自分の娘婿なので老巧の武者をひとりつけてやった。官兵衛は長政に「家臣の判断に任せ、みだりに深入りはしないように」と注意をした。

長政一行の行く手に耳川《みみかわ》という川があった。その川を渡り、馬場の原というところを駆け抜け、耳川より七、八町、財部城に近づいた。長政はその辺の地形を見て、それから元に戻ろうとしたときであった。後藤又兵衛が城のほうをキッと見て、「敵が打って出るようだ、急いで戻ろうぞ」と叫んだ。蜂須賀小六の家臣も「よく見つけた。ここでは防ぐのは難しい。耳川を越え、追いかけてきた敵が耳川を渡るところをみはからって攻撃しょう。早くひきあげよ」と同調した。

案の定、敵は城の山裾両端から足軽が三百人ほど出てきて、左右の道をはさんで進んできた。そのあとから徒歩の武士二百人ほど、騎馬の兵少々、が鬨《とき》の声をあげて押し寄せてきた。長政はそれらを迎え撃とうとした。すると、黒田・蜂須賀の家臣たちが長政の馬の口を取り、「ここは迎え撃つところではございませぬ。まず耳川を渡り、敵が川を渡るところで迎撃すべきです。戦いはわれらにおまかせください」と言って固く制した。長政がいきり立っているので、そのようなことを二、三度繰り返した。

敵はいよいよ近くなり、道の左右より足軽どもが槍を突いてくるのを追い払おうとするが、田の中なので馬の足場が悪く、思うように動けない。道筋には敵が二百人ほど槍《やり》衾《ぶすま》（大勢が槍を突き出してすき間なく並べ構えたさま）を作り、その間に射手を交えて撃ってくるので、味方の者の中に負傷する者も出てきた。その様子が船場に帰ろうとする官兵衛や石田三成からよく見え、みな足を止め、戦いを覗《うかが》っていた。

「長政、若者ながらよく逃げるわい」と三成。

「石田殿の目には長政がよく逃げると見えますか。しばらく様子を見ていただきたい」と官兵衛。

実は官兵衛は長政が心配だったので、彼らのあとに家臣の吉田六郎大夫《よしだろくろうだゆう》を遣わし、耳川の敵側の岸のほとりの茂みに鉄砲隊を数多く隠しておいたのだ。

長政は耳川を渡り終え、こちら側の川原にかけあがり、小塚の上に馬を立てた。島津は九州の小競り合いでは常勝なので〝空《そら》逃げ〟ということを知らなかった。「敵は敗軍ぞ」とばかり、川を渡って追いかけてきたのだ。それを見て長政は、かかれっ、と下知し、みずから討って出た。味方は用意万端なのでいっせいに攻めに転じた。川中で乱戦となり、長政は攻め来る敵に手追いになりながらも、敵の首を取り、また危ういところを家臣に助けられたりして、敵をついに撃退した。

このとき、待ち伏せていた吉田六郎大夫の一隊は逃げゆく敵にいっせいに撃ちかかった。不意をつかれ敵はますます浮足立ち、味方はますます勢いづいた。敵はとうとう総崩れとなって逃げ去っていった。官兵衛たちは遠く離れていたので助けに行くわけにもいかず、高見から戦況を黙って見ているほかなかった。

「石田殿、あれを見たまえ。長政がよく逃げるとお笑いになったが、さきほど引いたのは敵を川におびき寄せるために引いたのでござる。このことをよく見て貴殿がしんがりを勤めるときの参考にされたい」と官兵衛が言うと、さしもの弁舌巧みな石田三成も何も言わず、黙っていた。「内心は自分の戦いよりもドキドキしていた」と官兵衛は後になって家臣に語ったものだ。

帰陣してから家臣たちが官兵衛に「味方の小勢をもって敵の大勢を追い崩し勝利したことは長政さまのお手柄であります」と世辞を言ったので、官兵衛はこう答えた。

「それは汝らが戦いというものを知らないからそう思うのだ。大将の職分は士卒をよく統率して使うことだ。大将が雑兵《ぞうひょう》のように戦うのは匹夫《ひっぷ》の勇で大将の勇ではない。大将が先になれば後の士卒を誰が使うのじゃ。大将が先に立てば敵はみな大将にむかってくるものなのである。これは大将として問題があるのではないか」

長政は確かに名将ではあるが、あまりにも血気盛んなので、ややもすれば敵に臨んでいきり立つところがある。常に士卒を越して先駆ける癖がある。それを官兵衛は戒めたのだ。

五月四日、秀吉は薩摩に入って、千代川《せんだいかわ》の河口、泰平寺《たいへいじ》（鹿児島県薩摩川内市《せんだいし》大小路町《おおじょうじちょう》）に陣を取った。数万の軍勢が三里四方に充満した。川には数千艘の兵船を乗り入れ、その幅は三里もあった。ここから島津居城の鹿児島までは十里ほど。先陣の十万余の兵は鹿児島近辺にまでおよび、秀吉の到着を待っていた。

一方、島津義久《しまづよしひさ》は秀吉の威力が大きいのに驚いた。これに対抗するすべはないし、もし対抗すれば頼朝公よりいただいた領土を自分の代で無にしてしまうことはもうあきらかであった。ここは降参してお家の存続を計るほかない、と決断した。

義久は家臣を官兵衛に遣わし、降参の旨を告げ、そのことが官兵衛より秀長、秀長より秀吉に伝わった。義久は剃髪《ていはつ》となり、墨染《すみぞめ》の衣を着て、名を隆白《りゅうはく》と号し、磔木《はたものぎ》を家臣に持たせて泰平寺の秀吉の所に現れ、降参の旨を述べると、秀吉はその罪を赦した。

「もしお赦しいただけなければこの木に掛ります」と義久が言うと、秀吉はねんごろに義久を遇した。

義久が隠居し、その弟の義弘があとを継ぐことになったので、秀吉は義弘に本領安堵（所領の所有権承認）の御朱印を発行した。大隅・日向の数多くの城主が降参して人質を出してきた。九州はこれにより平定された。秀吉は五月二一日に泰平寺を発って引き返した。

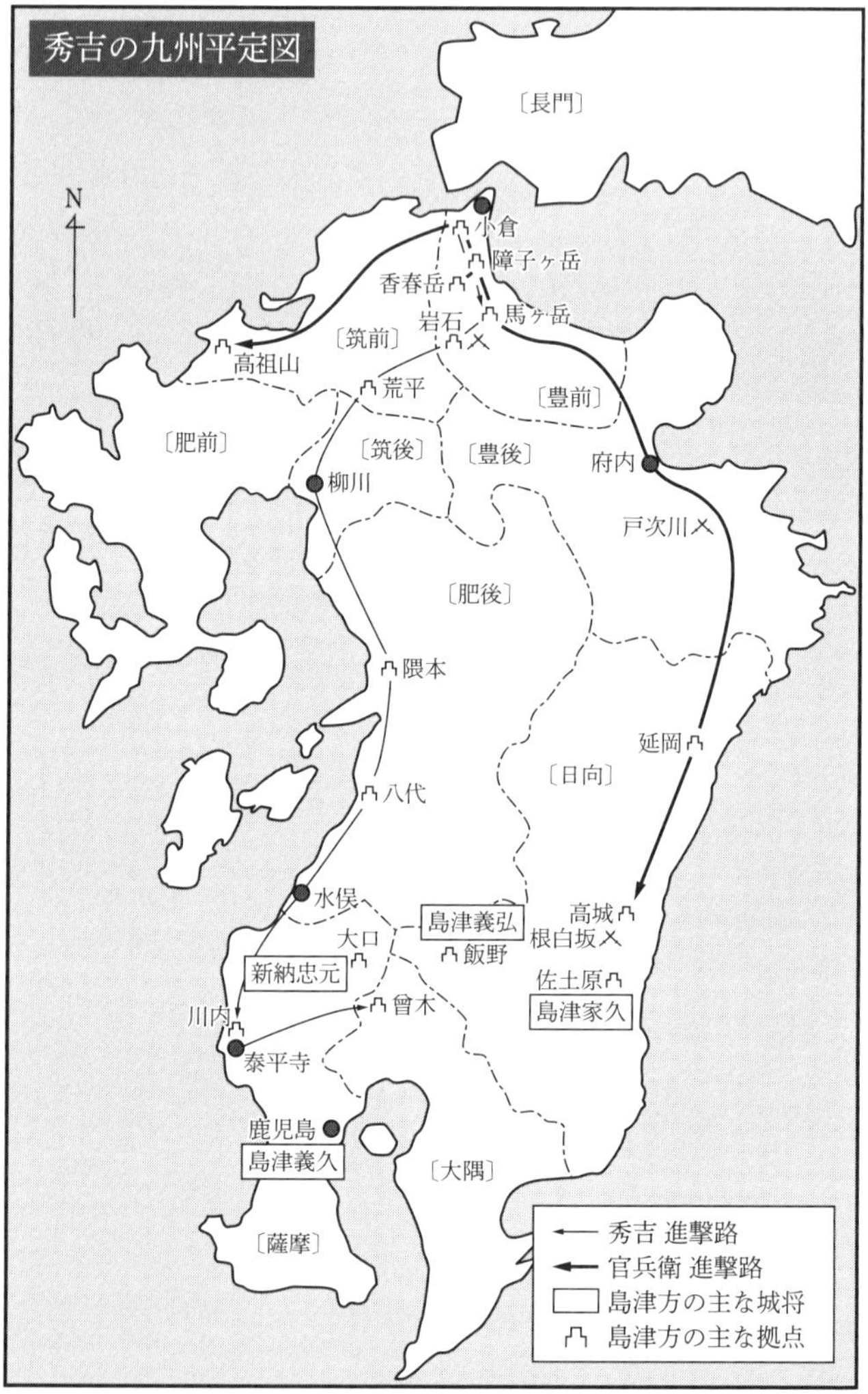
〔長門〕
N
小倉
障子ヶ岳
香春岳
馬ヶ岳
岩石
〔筑前〕
高祖山
荒平
〔豊前〕
〔肥前〕
〔筑後〕
〔豊後〕
府内
柳川
戸次川
〔肥後〕
隈本
延岡
〔日向〕
八代
水俣
島津義弘
高城
大口
根白坂
飯野
新納忠元
佐土原
島津家久
曾木
川内
泰平寺
鹿児島
島津義久
〔大隅〕
〔薩摩〕
秀吉 進撃路
官兵衛 進撃路
島津方の主な城将
島津方の主な拠点
秀吉の九州平定図

## 豊前の国主となる

九州の処置は以下のようになった。

小早川隆景には筑前ほか肥前・築後の一部、佐々成政《さっさなりまさ》には肥後、秋月種長《あきづきたねなが》（種実の嫡男、高橋元種《たかはしもとたね》の兄）には日向財部《たからべ》三万石、立花宗茂には下築後、高橋統増《むねます》（高橋紹運《じょううん》の次男）には築後の一部、小早川秀包《ひでかね》（毛利元就の九男、両川の弟）には上築後の一部、高橋元種には日向の一部、龍造寺（のち鍋島に替わる）は本領安堵、大友は豊後と豊前の一部を安堵。降参してきた小城主はほとんど本領安堵とした。

官兵衛は豊前八郡のうち六郡（京都《みやこ》・築城《ついき》・仲津《なかつ》・上毛《こうげ》・下毛《しもげ》・宇佐《うさ》）を賜った。他の二郡（企救《きく》・田川《たがわ》）は毛利勝信《もうりかつのぶ》（森吉成《よしなり》、秀吉古参の臣）に与えられた。官兵衛は他の将兵にくらべ自分に与えられた土地が少ないのにがっかりした。四国平定のときにも官兵衛には何の恩賞もなかった。そのとき、「秀吉は自分を軽く扱っているのではないか」と官兵衛は内心憤《いきどお》っていたのである。かかるうえに今度の措置である。

たしかに秀吉は豊前の検地も官兵衛に任せ、十二万石と定めたが、石高は十二万石ではきかなかった。ほぼその倍はあった。しかしそれならば大国を官兵衛に与えればよいのにそうしなかったのは何か理由があるのか。かつて義兄弟の契りまで結びながら、官兵衛は自分が秀吉にいくぶん疎んぜられていることを感じずにはいられなかった。

いっぽう秀吉は、官兵衛が才気煥発で、武略・武勇に秀いでていたので非常に重宝《ちょうほう》だったが、反面、怖かった。官兵衛に領地という力を多大に与えると制御が効かなくなるのではないかと危惧したのだ。以前に秀吉の家臣たちが官兵衛のことを野心家とか曲者と称していたことが秀吉の頭の中に残っていた。そして誰にも言ったことがないのだが、秀吉は官兵衛にだけはその軍略の才知に嫉妬をしていたのだ。あれは俺以上の男だ、と。それと、すでに官兵衛と仲が悪くなっていた石田三成が官兵衛のことを何かと秀吉に中傷したのもその原因となっていた。

「これはみな（秀吉に警戒心を与えた）わしが悪いのじゃ。こどもが『これをやるから泣くな』と言われたようなものじゃ」と官兵衛は苦笑いをした。

以前に官兵衛が秀吉の花押《かおう》が入った知行約束の書状を竹中半兵衛に見せたところ、半兵衛はそれを破り捨てたことがあった。官兵衛は今そのことを思い出した。それは半兵衛が官兵衛に無言で忠告したことにちがいない。

「秀吉の心の中はけっして彼の口ほどに甘いものではない。嫉妬や陰湿や狡猾《こうかつ》が渦巻いている。そのことを注意してつきあうべきだ。それに貴殿は野心を殺しているが、その才知の中にどうしてもそれが顔を出す」と。

官兵衛はとりあえず豊前の馬ヶ岳城（福岡県行橋市津積）を居城としたが、のちに中津に城を築き、そこを本城とした。


豊前に入国すると官兵衛は三カ条の法令を制定した。
一、主人・親・夫にそむく者は罪に処す。
一、人を殺し、物を盗み、強盗をはたらく者、またそれを企む者は罪に処す。
一、隠し田、畝《うね》ちがいなどをする者は右同様である。
法令は少ないほうがよい、との考えでこの三つだけにした。

肥後を賜った佐々成政は肥後の国侍《くにざむらい》（地侍）の処置にしくじり、国内が戦乱に陥った。

一種の一揆である。成政は隣国の立花宗茂の力を借りてなんとか国内を平定したが、大坂の秀吉のところに呼ばれ、摂津尼崎で切腹させられた。国を統治できず、せっかくの秀吉の恩を無にした、というわけだ。

官兵衛は肥後の騒乱の関係で築後久留米に出て、小早川隆景と善後策を講じていたが、そのうち豊前も国侍が蜂起したことを知って、肥後のことは小早川にまかせ、豊前の馬ヶ岳城に帰ってきた。二、三の反逆国侍は長政が討ちほろぼしたが、問題は城井谷《きいだに》（福岡県築上町寒田）の城井鎮房《きいしげふさ》という国侍で、これは強硬に官兵衛に反抗していた。

城井鎮房の先祖である下野《しもつけ》国宇都宮友綱の次男が頼朝よりこの地を賜ったので、秀吉から四国に領地替えの命令があったときも、城井鎮房はこれを拒否した。それほどこの城井谷に執着していた。したがって昨日今日この地に出張ってきた黒田の命令など聞くわけがなかったのである。

城井鎮房は武勇のほまれが高い男で、兵を多く従え、城井谷城にたて籠もっていた。この城は四方岩石で、懸崖《けんがい》の地にあった。長政はこの城を、すぐ攻めるべし、と意見を吐いたが官兵衛はそれを許さなかった。この頃は栗山四郎右衛門などの功臣が豊前各地方の国侍制圧に出ていて若い者しか残っていなかったからだ。

しかし長政は官兵衛の意見に従わず、官兵衛に内緒で出陣してしまった。井上九郎右衛門はそれを知って長政を諫めたが、長政二十歳、血気盛んな歳である、諫めを無視して十月九日、二千の兵を率いて敵を追い、城井谷城まで押し寄せた。城の近くに来て、なかなか難所なことを悟り、まず築城《ついき》（福岡県築上町築城）までひき下がって作戦を練ろうとしたときに敵は城から出て襲ってきた。

長政勢のしんがりはたちまち五、六人討ち取られた。それを知り、長政はまたいつもの癖で本隊をひき返し敵と戦おうとしたが地の利が悪いので、ここで戦うのはまずい、ということで家来は必死になって長政の馬の口を取り、引きあげようとした。

そうこうしているうちに敵は地勢に詳しいので搦《から》め手から追いつき、横合いから長政の本隊を攻めてきた。長政は馬を田に乗り入れ身動きがとれなくなってしまった。それを助けようと味方の兵は混乱に陥ってしまった。

それでも手勢を失いながらもやっとのことで馬ヶ岳城に帰陣した。軽挙を悔い、長政はみずからしばらく謹慎していた。官兵衛は長政を叱った。

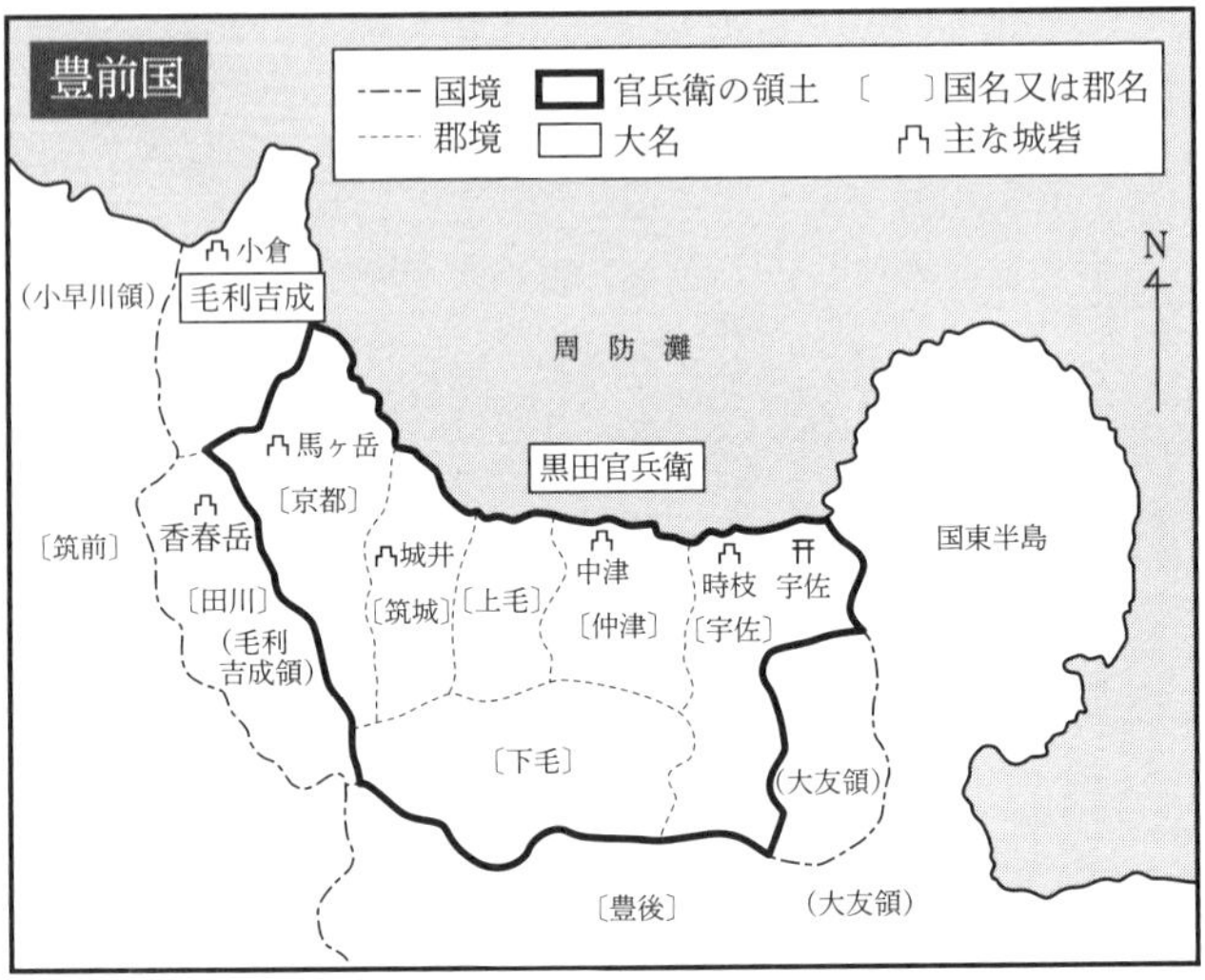


「今日の敗戦は若い者どもが功名にはやり、われ先にと深追いしたせいである。逃げていく敵にはかえって恐れ、緒《しょ》戦の勝をそこでやめにしておくものである。勝ち過ごせばかならず落ち度があるものじゃ。以後そのことを肝に命じよ」

黒田勢はその後、二十近くの国侍を討ち、城井鎮房《しげふさ》以外はほとんど平定した。孤立した城井鎮房は、抵抗するのはもう無理、と判断し、小早川隆景らに仲介を頼み、本領安堵と鎮房の十三歳になる娘・鶴姫を長政に嫁がせる事を条件に降参してきた。

天正十六年（一五八八）官兵衛四三歳

この頃は官兵衛と長政はもう中津城（大分県中津市二ノ丁）に移り住んでいた。二月には肥後の国人《こくじん》（国侍）一揆討伐の目付役を秀吉から命じられて肥後に出兵した。そのときに城井鎮房の子弥三郎も連れていった。結果的に肥後の国侍は秀吉傘下の諸将によって制圧され、国侍四八名が戦死・処刑された。切腹させられた佐々成政のあとは加藤清正が肥後の北半分、小西行長が南半分を所領とした。

官兵衛が肥後に発つ前に長政に言った。

「城井鎮房は降参したとはいえ、そのままにしておくのは国のためにならぬ。しかも相変わらず要害を固め、反逆の野心を持っているかのような噂が入ってくる。わしの留守を目がけて動きがあるかもしれぬので油断をするな」

案の定、官兵衛が発ったすぐあとに、城井鎮房が手勢を四十人ほど引き連れて予告もなく中津城を訪れた。長政はお目見《めみ》（謁見）に応じた。こちらの家臣は十七人、足軽中間《ちゅうげん》あわせて百人ほどしかいない。状況は危険だった。長政は母里《もり》太兵衛と相談して重大な決意をした。

「家臣の吉田又助（六郎大夫の息子）を酌の席に侍らせ、太兵衛に酒の肴《さかな》を持って来させ、そのときに誅殺してしまおう」

さて、城井鎮房が登城して長政の前に進み出た。長政は床の間のほうに座し、鎮房は二間ほど下がって腰障子の側に着座した。鎮房は六尺ほどの大男である。二尺余の刀を腰にさし、二尺八寸の重代《じゅうだい》（先祖代々）の刀を小姓に持たせ、とても降参した者の態度ではなかった。

長政は怒りを押し殺し、酒を出せ、と命じた。酒が来ると吉田又助はまず長政に注《つ》ぎ、長政が飲み干すとその盃を鎮房に渡し、又助が横より注いだ。ところが盃から酒が溢れてしまった。わざと溢れさせたのである。又助は鎮房の前に座り、粗相《そそう》を取りつくろっていた。つまり長政と鎮房の間をさえぎってしまったのである。鎮房は左手で酒を受け、右の手は脇差の柄の上に置いていた。

「太兵衛、肴《さかな》を」と長政は呼んだ。

母里太兵衛は肴を持ってくるとじかに鎮房の前に行き、肴を乗せた膳をいきなり鎮房に投げつけ、後ろをついてきた小性より刀を受け取ると、一太刀振り下した。電光石火の早技であった。鎮房が顔を切られながらも応戦しようとしたところを長政が刀掛の刀を取って切りつけた。さしもの鎮房もその太刀で倒れてしまった。

鎮房につき従ってきた家臣たちは城の近くの合元寺《ごうがんじ》（中津市寺町）に休んでいたが、黒田の兵が押し寄せ、皆殺しにしてしまった。このお寺が俗称赤壁寺というのは壁が赤で彩色されているからだが、赤く塗ったのは、「白く塗っても壁の中から血の色が滲み出るので、とうとう赤で塗らざるをえなくなった」という言い伝えによるものだ。

そのあと、黒田勢は城井谷城に押し寄せ、城に火をつけた。城はすぐ打ち破られ、鎮房の妻子もみな生け捕られ、鎮房の父長甫《ちょうほ》は切り殺された。長甫・鎮房の一族十三人は中津で磔《はりつけ》になった。黒田家に人質となっていた鶴姫も磔となった。長政は城井を討ったことを官兵衛に報告すると、官兵衛は鎮房の息子城井弥三郎を肥後で殺した。

秀吉の許可を得ていたとはいえ、この虐殺は官兵衛一生の禍根《かこん》となった。一生の中でこれほどむごい殺戮《さつりく》をしたことはない。かつて戦ったいくさの中でもっとも不手際で醜い戦いであった。しかも半ばこちらの謀計のようなものだ。それだけ官兵衛は追いつめられていたことになる。

佐々成政に対する秀吉の仕うちは過酷で、独裁者の心情の予測不可能なところを見せつけた。だから官兵衛も、明日は我が身、と戦慄したのである。また家督譲与の許可を秀吉より得たので、引退前に禍根《かこん》を絶ち、長政の治政を確固たるものにしておかなければならなかった。それに一国の主になったばかりだから何が何でもこの城井鎮房の一件ではしくじるわけにはいかなかった。したがって官兵衛・長政父子は過剰防衛に出て、それが城井一族の虐殺につながった。官兵衛一生の悔恨である。官兵衛はこの事件を深く反省して中津城内に城井神社を建立して、城井一族の鎮魂を祀《まつ》ったのである。

## 秀吉との間、さざ波立つ

天正十七年(一五八九)官兵衛四四歳

ある日、秀吉は暇にまかせて小姓たちと雑談していた。

「わしが死んだあとには天下を誰が取ると思うか」と秀吉。

しかし微妙な話なので誰も答えずにいると、

「遠慮はいらぬ。思ったことをつつみ隠さず申せ」とまた秀吉。

小姓たちはしようがないので、前田利家・徳川家康・蒲生氏郷《がもううじさと》・毛利輝元・長尾（上杉）景勝などの名を上げた。すると秀吉は言った。

「いずれも大した見立てではないな。もちろんその中にはそれだけの器量のある者もおる。しかしそれよりももっと早く天下を取る者を知らぬか」

「これ以外には存じませぬ。いったい誰でございましょうか」と小姓たち。

「跛《ちんば》めがやがて取るだろう」と秀吉。

「お言葉に逆らうようでございますが、黒田殿はやっと十万石取り、天下取りは御無理でございましょう」

「そちどもはあの跛《ちんば》めの知恵を知らぬからそう言うのじゃ。わしは播磨国を信長公より賜った。代官として中国追討のため備中に行って数多くの城を落した。信長公御他界の報があった折には毛利の代官吉川・小早川と急きょ和睦をとげ、夜を日に継ぎ馳せのぼり、摂津山崎勝竜寺で明智を破り、残党をせん滅した。

その後、柴田・徳川・島津・北条・奥羽との戦いなど、息がつまるような場面は日に何度もあった。このような、いくさのことはなんとか処理できたが、取分などの細かい相談すると、跛《ちんば》めはたちどころに返事をし、それがわしが見当をつけていたところとほとんど同じであった。事によってはわしよりも好い案であったことがあった。

そのうえ、性格は剛毅で、家臣もよくついてきた。とにかくただものではない。天下平定となり、文治の時代になってもまだ活躍しておる。彼奴《きゃつ》の才覚では日本を平定することなど簡単であろう。わしが生きているうちでもそれをしようと思えば簡単にできる、と官兵衛は思っているはずじゃ。

だから小身だから天下が取れぬなどということはない。諸大名を利用して天下を取るなどのことは彼奴《きゃつ》ならば簡単なことだ。小身の者が天下を取れぬなら、この猿めはどうなんじゃ」と言って秀吉は高笑いした。

山名禅高は山名家の宗主で秀吉のお伽衆（話し相手）だったが、禅高はその話をさっそく官兵衛に報告すると、「それほど買いかぶっていただけるとはありがたいことでござる」と官兵衛はうれしそうに返事をした。しかし内心は違った。官兵衛はこう思ったのである。

「南無三宝、黒田の家の滅亡の時期がやってきたわい。わしは首を斬られ、瘡頭《かさ》を獄門にかけられる前ぶれはこのようなことなのだ。はて、子々孫々までお家を続けさせるにはどうしたらよいものか」

この思いを官兵衛がたわむれに抱いたわけではない。心の底からそう思い、戦慄をしたのである。ながねん秀吉とつき合っているうちに官兵衛は秀吉の真意を見抜くようになった。

「秀吉はわしの才知と野心に疑心を抱いておる」

官兵衛は秀吉の心をそう読んで戦慄したのである。こんなこともあった。

伏見城に異国の人相見が来たときのことである。秀吉は諸候を集めて、人相見に聞いた。

「この中で天下人になる人物はいるかのう?」

人相見はじっと見まわして、官兵衛を指さした。

「この人は天下人になる顔をしております」

そして近くに寄ってきて頸《くび》を見て、

「頸の相は顔ほどではありませぬ。天下人となることは難しいかもしれませぬ」

官兵衛は野心が強いのでそこが秀吉に信用されていなかった。それなのにまた人相見がそう言ったので官兵衛は「やはり顔に出るのか」と悟り、五十にもならないのに致仕（引退）を願い出た。それかあらぬか、秀吉はよくこう言ったものだ。

「世に恐ろしいものは徳川家康と黒田官兵衛である。しかし家康は温和な人物である。それにくらべ官兵衛の瘡天窓《かさあたま》はなんとなく心を許すことができぬのじゃ」

秀吉の目には官兵衛の容貌が一種異彩を放って見えていたのだ。それは竹中半兵衛や蜂須賀小六が最初官兵衛に抱いた印象と同じだった。官兵衛はいつまで経っても円満さの印象を与えない自分に愛想が尽きた。

官兵衛が四二のとき、隠居を秀吉に願い出た。しかし、まだ早い、と秀吉に言われ許可にならなかった。この年、再度お願いした。

「それがしは病弱でございますので、とても長生きはできませぬ。生きているうちに倅《せがれ》に国と家来を引き継ぎ、上様のお役に立つよう仕向け、それができるかどうかを見極めたいと存じます。

若いうちであれば、自覚が足りなければ矯正することができます。それをも無理であれば早く見極めをつけ、別の人間を連れてくることもできます。今のように親をあてにしているようであればいつ一人前になるのかわかりませぬ。とにかく責任を持たせなければ〝ぼっちゃん〟になってしまいます。世の中にはこのような例がいっぱいございます。従いましてどうか倅に国を任させてください」

そう陳情し、そのあと一計を案じ、北政所《きたまんどころ》ねねを通じてお願いした。それが功を奏して、国を長政に譲ることには許可が下りた。

長政のことについては北政所が特別の感慨を持っていた。むかし北政所は長政を人質として長浜城に預かっていた。わが子同様の思いがある。秀吉はそのような北政所の気持ちをよく知っていたので、北政所が長政のことについて口入れしたことや官兵衛が北政所に頼んだことを咎めず、聞き容れたのである。しかし官兵衛自身の隠居には許可が出なかった。

「官兵衛はまだ男ざかりである。隠居はまだ早い。変わらずよく勤め、奉公せよ」と秀吉。

「おっしゃられる通りでございます。それがしは楽をしようとはけっして思っておりませぬ。致仕いたしますれば身軽になり、日夜お側にお仕えし御奉公いたしたく存じます」

官兵衛がこう言うと秀吉はうなずき、六月十七日、長政を甲斐守に叙任し、豊前十二万石を長政に下された。そのようないきさつもあって官兵衛は秀吉の側《そば》に仕えた。

そんなある日、官兵衛はまた秀吉にお願いした。

「ご覧のごとく頭に痘瘡《とうそう》の痕《あと》がありますので見苦しゅうございます。ことに男ですので、客席にはいかがか、と遠慮があります。できますれば出家剃髪し、坊主のごとくに日夜御そばに勤めたく存じまする」

すると秀吉はすぐに了解したので、官兵衛は剃髪で側《そば》に仕えるようになった。

官兵衛が禄や官職を長政に譲った表面上の理由はさきに秀吉に言ったとおりだが、官兵衛はとにかく隠居したかったのである。秀吉の心持が油断ならなかったし、また官兵衛の立場を妬《ねた》む者が秀吉に何かと中傷することを恐れたからである。

【官兵衛逸話】

官兵衛は才知武略は群を抜いて優れ、ことに秀吉を助けてその功は大なるものがあった。しかし秀吉は官兵衛に大国を与えなかった。わずかに豊前のうち六郡のみであった。

秀吉が事にのぞんで深く思案しじゅうぶんに検討した事柄を、官兵衛はたいした思案もせずに易々《やすやす》と答えを出した。秀吉は「この官兵衛の才知は乱世には重宝だが、天下が治まったあとには危険だ」と考えて官兵衛に大国を与えなかった。しかしそこには秀吉の官兵衛に対する嫉妬やいらだちなど、個人的な感情も影響していた。嫉妬とは官兵衛の才能に対する嫉妬、いらだちはいつも官兵衛に先を越され、その指導のもとに動いているようないらだちが秀吉にはあったのだ。劣等生が優等生に指導されているような。

そのことに気がついたので、官兵衛は秀吉に隠居を申し出たである。戦場ならまだしも、平和な時代になり、秀吉が官兵衛ら優秀な家臣の上に出るには横暴な独裁者にならざるをえなかった。そのため秀吉と官兵衛との間に立つさざ波がますます大きくなっていったのである。

ある日、官兵衛は連歌の会で、

百韻の中に恐るゝのみをゆゝしとはせじ

とある前句を次のように付句《つけく》した。

虎走る野辺は毛ものゝ声もなし

「あなたが連歌（百韻）の中におぼれていくのは仕方がない。虎（秀吉）が独裁するので誰（毛もの）も物を言わなくなった」という隠喩《いんゆ》だ。

# 小田原征伐

天正十八年（一五九〇）官兵衛四五歳

相模《さがみ》小田原の北条氏政《うじまさ》、その子氏直《うじなお》は坂東《ばんどう》八ヶ国（相模《さがみ》・伊豆《いず》・武蔵《むさし》・下総《しもうさ》・上総《かずさ》・上野《こうずけ》・常陸《ひたち》・下野《しもつけ》）を領して秀吉の下知に従っていなかった。秀吉は使者を立てて、早々に上洛をすべし、と申しつけても従わなかった。その不遜な態度に秀吉は怒った。

「そうであれば、来春は大軍を起し、氏政の首を刎《は》ねん」

その春が来た。秀吉は四四カ国の兵二六万人を東国に下させた。秀吉自身は三月十九日に京都聚楽第《じゅらくだい》を出て、同二八日に伊豆の三島に着いた。九州の兵は遠いので秀吉の小田原征伐にはお供しなかったが、京都に住む官兵衛は小勢を引き連れ秀吉の陣に連なった。

それに対する北条側はおよそ三万五千、友軍を合わせても五万六千ほどの兵力だった。

秀吉軍は三月二九日より山中城（静岡県三島市山中新田）に攻めかかり、わずか二時間の戦闘でこれを落とした。山中城攻めと並行して行われた韮山《にらやま》城（静岡県伊豆の国市韮山）

攻めは城兵がよく戦ったので持久戦となったが、約百日間持ちこたえたあと落城した。秀吉軍本隊は山中城を落とした勢いで東海道を下り、韮山城攻略は支隊に任せ、四月二日には箱根湯元に到着、いよいよ小田原城の包囲にとりかかった。

その小田原城であるが、この日のあることを想定していた北条氏の手によって、城と町がすっぽりと入ってしまう大外郭（周囲九キロメートル）が完成していた。秀吉軍はこれを包囲したものの、容易に落とすことができなかった。

そこで秀吉は得意の長期戦、すなわち兵糧攻《ひょうろうぜ》めをすることにした。対の城として石垣山城（陣城、通称石垣山一夜城、神奈川県小田原市早川）の築城にかかり、みずからは愛妾の淀殿（茶々）を呼び寄せ、諸大名にも妻を呼ばせるなどして、小田原城中の兵糧の減少、戦意の喪失を待ったのである。さらにその一方で秀吉は、各地に散らばる北条方の五十にも及ぶ支城を各個撃破にかかった。

松井田城（群馬県安中市松井田町高梨子）・厩橋城《うまやばし》（前橋城）・箕輪城《みのわ》（群馬県高崎市箕郷町《みさと》）・江戸城・川越城《かわごえ》・松山城（埼玉県吉見町南吉見城山）・岩付城《いわつき》（埼玉県さいたま市岩槻区）・鉢形城《はちがた》（埼玉県寄居町鉢形）・八王子城・韮山城の落城によって、残るのは小田原城と忍城《おしじょう》（埼玉県行田市本丸)の二つだけになった。城中の空気はしだいに徹底抗戦から降伏へと変わっていった。

そのうち内応する者が出てきた。北条の重臣、松田憲秀《のりひで》とその嫡子笠原政晴《かさはらまさはる》である。二人は官兵衛を通じて内部の情報を漏らし、松田家の命と土地の安堵を願ってきた。ところが父や兄から事前にその相談を受けた次男の左馬介《さまのすけ》がこのことを城主北条氏直に報告してしまった。左馬介は主人を裏切ることができなかったのだ。そのため松田憲秀とその嫡子笠原政晴は氏直によって捕われてしまった。

機は熟したと見た秀吉は官兵衛らを使者として送り、降伏を勧告させた。けっきょく北條氏直が七月五日、小田原城を出て徳川家康の陣所を訪ね、みずから切腹するかわりに城兵の命を助けるよう求めてきた。氏直の正室督姫《とくひめ》は家康の次女である。

家康は秀吉に氏直投降の由を連絡した。が、氏直の切腹の申し出にも関わらず、秀吉はそれをさせなかった。そのかわりに父の氏政と、氏直の弟で八王子城主の氏照の二人に切腹を命じた。これは、氏直が家康の婿だったからだ。ここに初代の北条早雲以来およそ百年にわたって関東に覇《は》を唱えた戦国大名北条氏は滅亡した。

## 【官兵衛逸話】

北条が降参してから秀吉は官兵衛に「左馬介（弟）は父を訴えた奴だから殺せ」と命令した。官兵衛はそれを受けて嫡子の笠原政晴を殺してしまった。秀吉はそのことを聞き、官兵衛に「どうして笠原政晴を殺したのじゃ。左馬介は父を裏切った悪い奴だから殺せと言ったのではないか」となじると官兵衛は、「いや、それがしが聞き違えをしておりました。申しわけございませぬ。さりながら笠原政晴は主人を裏切った者です。武士道に背き、先祖の顔まで汚した者ですから忠孝ともに背いたことになります。左馬介は父に背き不孝者ではありますが、主人には忠実であったので、取り違えて笠原政晴を殺したとしてもそれほど不都合なことはないと存じますが」と返答した。

それを聞いて秀吉は「またびっこ奴《め》が空《そら》とぼけて」と言ってそのままになった。人はみな官兵衛の処置に納得していたのだ。

十二月二八日、秀吉は関白職を甥の秀次に譲り、これより太閤と号す。

天正十九年・文禄元年（一五九二）官兵衛四六歳

秀吉は伏見に城を築いて隠居所とした（伏見城）。

一月二二日、豊臣秀長が山城で病死した。五二歳。

秀長は秀吉の弟である。秀吉の信頼が厚く、秀吉の天下統一の一翼を担った。内政・外政に通じ、硬軟両用使い分け、よく秀吉の補佐をした。官兵衛の弟たちはさいしょ秀長のところに出仕している。官兵衛とは四国・九州など戦場を共にして親しい仲だった。

朝鮮出兵には反対し、「これまでの戦功にたいして将兵に与える土地がないのなら、自分の領地を割《さ》いてもいいから朝鮮の地に上陸するのはやめてほしい」と秀吉に諫言《かんげん》した。

二月二八日、千利休《せんのりきゅう》が自刃した。七十歳。

京都大徳寺三門の改修の際に自分の雪駄《せった》履きの木像を楼門の二階に設置し、その下を秀吉に通らせたので秀吉は怒り、切腹を命じ、その首を一条戻橋《もどりばし》に梟首《きゅうしゅ》したのだ。理由はそれだけではないだろうが、この一件で官兵衛は秀吉をますます警戒するようになった。秀吉はあきらかに固執《こしつ》が見えるようになった。昔の秀吉はもっと柔軟で、優しさがあった。

官兵衛は利休とのつきあいは薄かったが、秀吉の九州平定のときに、秀吉と利休と神《かみ》屋宗湛《やそうたん》と官兵衛の叔父の小寺休夢《きゅうむ》が博多箱崎宮《はこざきぐう》（福岡市東区箱崎の神社）の松原で茶を点《た》てたことを記憶している。そのとき利休は、松の枝に鎖を下ろし雲龍の小釜を釣り、その下に白砂に散った松の葉を集め、火をつけ、湯を沸かした。

官兵衛はそこに居合わせたわけではないが、翌日叔父の休夢からその話を聞いた。叔父はお伽衆として秀吉にずっと仕えていた。神屋宗湛は博多の豪商である。

しかしそのようなうるわしい場面は過去のものであった。

昨年の九月のことである。秀吉は帰国する官兵衛の送別の茶会を聚楽第で催してくれた。そのとき秀吉は、床に牧渓《もっけい》（宋末元初の画人）筆《ひっ》「遠浦帰帆《えんぽきはん》」の軸を掛け、床の前に鴫《しぎ》の肩衝《かたつき》（茶入の一種）を天目茶碗の中に仕込んでおいた。利休が水こぼしを持って茶室の外に出ていると、秀吉は肩衝と茶碗の間に一茎の野菊を挟んだ。秀吉は去り行く都を「菊」に、飛び立つ官兵衛を「鴫」に見立てたのだ。「遠浦帰帆」の軸もその意を含んだものだった。秀吉にしては気が利かしたと思われるしつらえだった。

茶室に入ってくると、利休は気づかぬふうに洞庫《どうこ》（茶道具棚）から瀬戸の水差と柄杓《ひしゃく》を取り出し、床の前ににじり寄り、さりげなく野菊を抜いてそっと畳の上に置き、肩衝を天目に入れたまま持って座にもどり、茶を点てて官兵衛や相客に供した。

茶が終って客たちが鴫の肩衝を拝見している間に、利休は天目と水差しを洞庫にしまい、拝見の終った肩衝を床の間に飾り、次いで野菊の花をさり気なく床の勝手側の隅に寄せて席を退いた。秀吉の数奇を衒《てら》う作為は無視された。利休は秀吉の通俗を嫌ったのだ。そこには両者の冷え冷えとした関係が漂っていた。

そんな利休を秀吉は梟首に処した。明日は我が身だ、と官兵衛は気を引きしめた。

四月、秀吉と淀殿との間に男子が誕生したが生後間もなく死んでしまった。秀吉は悲しみに打ちしだかれて清水寺《きよみずでら》に三日間逗留したあと近臣を集めて言った。

「わしは日本国は平定した。このうえは日本は秀次にまかせ、わしは明を平定しようと存ずる。去年朝鮮から使者が来たときに書簡を遣わせて、『明を攻撃するときにはその先陣を担っていただきたい』と言ってやったが返事がない。それであれば先に朝鮮を征服しようと存ずる。よって来春は大軍を朝鮮に向けたい」

朝鮮王朝は明国にたいして「朝貢国」であり、明国は朝鮮王朝の「宗主国」の関係（冊封体制《さくほう》）にあったからそれは無理な要求であったが、秀吉は国際情勢にまったく疎《うと》く、まるで四国か九州を平定する感覚だった。秀吉のこの誇大妄想に諸大名は驚いたが、反対を唱える者は誰もいなかった。

秀吉のこの意向によって諸大名は朝鮮の役の用意をはじめた。特に四国・中国・九州の大名は武具・兵船・兵糧など、大量の準備が必要だった。秀吉は肥前松浦郡《まつらぐん》の海辺、名護屋《なごや》という所に城を計画した。一辺一里余（五キロメートル）の城下町である。縄張り（建設）の総奉行を官兵衛に任じ、この年の十月より着工した。

## 【官兵衛逸話】

秀吉の代には茶がはやった。官兵衛は、それは武士のすることではない、と嫌った。主人と客が無刀になって狭い所で一緒にいるのは不用心である、という論だ。

ある日、秀吉が官兵衛に茶を供すると言う。主命であるから仕方がなしに随伴して茶室に入った。ところが秀吉はそこで茶を出さず、合戦の密談をした。密談が終わってから秀吉は言った。

「これが茶のいいところなのじゃ。平日にそちと目につく所で話をしておれば皆なにかあったと疑うところだろう。茶と思えば誰も疑わぬ」

官兵衛はすっかり感心し、

「茶は名将がただ茶器を愛《め》でるばかりではなく、心の在り方を研鑽している場であることを初めて理解しました。拙者の考えが浅はかでございました」

それからというものは官兵衛も茶を好むようになった。官兵衛の茶室には以下のような文が掛けてあった。

定

一、茶を挽《ひ》くときは、静かに、慎重に、よどみなくひくこと。
一、茶道具は垢がつかぬようにたびたび洗うこと。
一、釜の湯を一柄杓《ひとひしゃく》汲んだらまた水を一柄杓《ひとひしゃく》足すこと。使い捨て、飲み捨てにはしないこと。

右は我流ではなく、利休流なのでよくよく守ること。

総じて人の考えは穏当にすれば油断に変わり、巡らすとせわしくなるので、けっきょく生まれつきのやり方になってしまう。

また義理があることがはっきりしていても欲の垢に汚れてそれを欠くことがある。親・友人・家人の恩に預かることがあっても、それに報いる心がなく、最後には仏神の罰をこうむってしまう。

だから右の三カ条を朝夕の湯水のときにゆっくり思い返すために書きつけて

おいた。

しっかり守っていただきたい。

聚楽第郭内で官兵衛の猪熊邸と利休邸とは隣り合わせであった。だから利休の死は官兵衛にとって愛惜《あいせき》このうえないものだったにちがいない。きっと官兵衛は利休を偲んでこの「定」を掛けたはずだ。利休の茶が禅にまで昇華していることを官兵衛はこの文によって賛美しているのである。

# 第五章　朝鮮出兵と如水円清《じょすいえんせい》

## 文禄の役

秀吉は、文禄元年（一五九二）三月十三日付で軍令を発表し、その中で日本軍を九組に編成した。軍団の構成は以下の通り。

一番隊　小西行長ら計一万八千七百人
二番隊　加藤清正ら計二万二千八百人
三番隊　黒田長政ら計一万一千人
四番隊　島津義弘ら計一万四千人
五番隊　福島正則・長宗我部元親・蜂須賀家政ら計二万五千人

六番隊　小早川隆景ら計一万五千七百人
七番隊　毛利輝元　三万人
八番隊　宇喜多秀家　一万人
九番隊　豊臣秀勝・細川忠興ら計一万一千五百人
合計十五万八千七百人

三月二五日、秀吉は京都を発った。官兵衛は軍の参謀として秀吉に従軍した。四月十二日、先陣の大将には小西行長・加藤清正・黒田長政ら兵十万余人が、名護屋港を出港し釜山《プサン》に上陸した。それはまるで「海を蔽《おお》う」ような軍勢だったのである。

その頃の李氏朝鮮は平和な年月が長く続き、物心ともども軍備の用意はなかった。だから日本軍が押し寄せてくるとの噂も信じようとはしなかった。じっさい、日本が釜山に押し寄せてきたときには何の防戦の準備もしていなかったのだ。日本軍は簡単に勝利を重ね、一番隊・二番隊・三番隊を先鋒に、三路に分かれて急進した。五月三日、首都・漢城《ハンソン》（ソウル市）を攻め落し、朝鮮国王宣祖《ソンジョ》は平壌《ピョンヤン》に逃亡した。

その後、小西行長が率いる一番隊は朝鮮国王を追って北進し、中和《チュンファ》（中和郡、平壌南部の郡）を占領した。二番隊の加藤清正は朝鮮半島東北の咸鏡道《ハムギョンド》に軍を進めた。

中和にて黒田長政率いる三番隊が一番隊と合流し、平壌へ進軍した。三万人の日本軍に対して、一万人の朝鮮軍が平壌を守備していた。日本軍の進撃が平壌に迫ると朝鮮軍は逃亡し、明に救援を求めた。六月十五日、一番隊と三番隊は既に放棄されていた平壌《ピョンヤン》へ入った。国王はさらに朝鮮半島の西側の最北端、明に接する鴨緑江《アムノックカン》の義州《ウイジュ》に向けて落ちのびた。日本軍は西は平壌、東は最北の会寧《フエニヨン》までを占領したのだ。

七月十六日、遼東を発した明軍副総裁が率いる五千の兵が平壌を急襲したが、これを一番隊の小西行長らが破った。

明軍の参戦を受け、総大将である宇喜多秀家が首都の漢城に諸将を呼び、軍評定を開いた。朝鮮検使奉行である石田三成・増田長盛《ましたながもり》・大谷吉継《よしつぐ》や秀吉の上使《じょうし》である官兵衛らも出席した。

朝鮮検使奉行とは目付役のことである。現状を把握して秀吉に報告するのだが、督戦《とくせん》の役も担っている。しかし朝鮮で戦っている武闘派、すなわち黒田長政・蜂須賀家政・

加藤清正・細川忠興などは三成などの指揮・監督を受けることを不快に思っていた。「戦いもせず、戦いも知らないくせに高見から俺たちを指導するとは」というわけだ。

官兵衛ももちろん以前から三成とは仲がよくない。戦いの何も知らないくせに小賢《こざか》しい奴、という考えが官兵衛の頭の中にはある。しかも誇大妄想の秀吉の朝鮮の役を止めなかった責任は三成にある、と官兵衛は考えていた。実際、このいくさの人事・企画などは三成がかなり関与しているふしがあった。

軍評定のおもな議題はこんご明とどう戦えばよいかということだった。そこで官兵衛は、漢城から北へ一日以内の距離に砦を築き、漢城の守備に力を注ぐことを提案した。

「明の本格的な参戦もきっとあるだろうし、兵站《へいたん》（人・物の補給）の点からもまず戦線をのばさず、首都近辺を確実に固めることが大事だ」と官兵衛。

「朝鮮と明との間には大河鴨緑江などもあることだし、明軍の本格的な救援などありえない」と小西行長。行長はこれまでは破竹の勢いだったので状況を安易に考えていた。

「戦線をのばしてうしろから挟みうちに遭《あ》ったら、兵はいくらいても足りぬ。また首都より援軍を出すにしても遠過ぎて急ぎに間に合わぬ」と官兵衛は強く主張した。

「ここは一気に明に攻め入るべきだ。みながそれに同意せぬのなら自分だけでもやる」と小西行長は言い張り、平壌に戻ってしまった。小西行長は速攻して明との講和の道を探っていたのだ。なるべく有利な条件で明と講和をしたい、と。堺の豪商の息子の小西行長はこのいくさで三つの役を担うことになる。武人の役と兵站を担う商人の役と講和を担う外交官の役である。

この行長の独断を総大将の宇喜多秀家は止めることもできなかった。また官兵衛は秀吉の単なる顧問なので権限がない。小西・石田・増田・大谷などは官兵衛の指導を仰ごうともしなかった。現地の総大将が秀吉のお気に入りとはいえ二十歳の宇喜多秀家だから、総勢を抑えることに無理があり、人間関係はバラバラになっていた。直感型の秀吉は組織の作り方が粗かった。

翌、文禄二年（一五九三）正月、明の四万を超える大軍が平壌に迫った。厳寒を狙って攻撃してきたのだ。明軍の大砲の攻撃によって平壌城の外郭守備は破られ、小西軍は内城に籠った。一月七日夜、小西軍はからくも城より脱出した。翌日、明軍は精騎三千人で追撃を開始、小西軍は三百六十人余が討たれた。このとき、黄州（平壌南）にいた大友義統《よしむね》は恐怖に駆られて小西軍を助けることもせず退却してしまった。そのため秀吉の怒りを買って九州豊後の自領が改易（所領没収）になってしまったのである。

小西軍はさらに退却を続け、開城《ケソン》近くの龍泉山城にいた黒田長政に助けられた。小西軍は餓えと寒さにやられ、壊滅寸前の状態で漢城に帰陣した。官兵衛が危惧したことが現実のものとなったのだ。小西軍は明・朝鮮連合軍の皮靴にたいして草鞋《わらじ》だったのである。生きていた兵の大半は凍傷に罹《かか》っていた。

そのあとすぐ官兵衛は秀吉に帰国を申請し、許可を得た。持病の足が悪く、治療をするというのがその理由だが、それは言い訳だった。三成らが宇喜多秀家を擁して独断し、官兵衛を無視する。そうであればこんな所に長居して厄介視されるよりも早々に引き上げたほうがいい、と思ったのが第一点。

次に、官兵衛はこのいくさに嫌気《いやけ》がさしていたのだ。他国を戦場にするにしてはその大義名分が希薄なこと。そして日本人同士の戦いでは見られないほど残虐な戦いであること。兵はもちろんのこと女子供も草を刈るように斬り殺されていた。道路・家・水中にそれらの死骸がゴロゴロと転がっていた。

文禄二年一月十八日、明軍、開城《ケソン》入城。

一月二五日、明軍と日本の斥候軍が接触、日本の斥候六十余人が討たれた。宇喜多秀家が指揮する日本軍四万人が漢城郊外の碧蹄館《ピョクチェグワン》で迎撃し、一大決戦となった。けっきょく日本軍が明の兵の首を一万余取り、勝利した（碧蹄館の戦い）。

明にかろうじて勝ったものの、朝鮮義兵軍のゲリラ戦が活発で戦局が膠着《こうちゃく》状態になっていた。ゲリラ戦は秀吉はもちろんのこと、日本軍の誰も予想していなかったものだ。

また、日本軍の食料貯蔵庫を焼かれ、補給もなく、日本軍は飢餓状態に陥った。

三月三日、日本から軍状を視察するためにやって来た三成ほか増田・大谷の検使奉行は現状の悲惨さを見て驚いた。最初は居丈高《いたけだか》に督戦する腹づもりだったが、その言葉が出なかった。窮した日本軍は講和交渉を開始しつつ漢城より釜山へ退却することにした。

小西の兵は六割五分、加藤の兵は四割五分も減耗していたのである。

五月十五日、明の講和使者は小西行長と石田三成らに連れられ、名護屋で秀吉と会見した。秀吉は、明の皇女を日本天皇の妃として送ること、朝鮮南部を割譲することなど、七つの条件を提示した。秀吉はこの戦いに勝ったものだと思っていたのである。

つぎに秀吉は朝鮮の南半分の割譲を確実なものとするために、釜山の西約二十里余（九十キロメートル）のところにある晋州城《ジンジュソン》（慶尚南道《キョンサムナムド》、晋州市《チンジュ》）の攻略を命じた。晋州城は西の全羅道《チョルラド》に抜ける道筋にあり、前年の十月に日本はここを攻めて失敗している。それには李舜臣《イスンシン》が率いる朝鮮水軍に制海権を握られているせいもあった。したがって朝鮮の最南端にあるにもかかわらず全羅道はまだ日本のものとなっていなかった。

六月二一日、第二次晋州城合戦がはじまった。総兵力九万余人という文禄の役最大の陣容で、日本は辛勝ながらも晋州城を陥落させた。日本軍があげた敵の首は二万を超えた。日本軍はそれらの鼻を切り取り、名護屋に戦果として送った。日本軍はさらに全羅道を窺ったが明軍の進攻によって戦線は膠着し、休戦期に入った。そこで朝鮮半島南岸に、拠点となる城の築城を開始した。

八月三日、豊臣秀吉の三男秀頼《ひでより》誕生。

秀吉はこのいくさに勝って明の皇帝になることを本気で考えていた。日本を息子の秀頼に与え、朝鮮を甥の秀次にでも与えようと考えていたのだ。そのような誇大妄想の秀吉に官兵衛は幻滅を感じていた。かつての秀吉はこのような男ではなかった。もう少し現実に根ざして、人の心の痛みをよく理解していた男だった。それが権力の階段を上るにしたがって傲慢に、独裁に、狂気になっていったのである。自分が一生を捧げてきた男がこんな男だったとは。官兵衛は悔悟の念に駆られていた。

人の上に立つ人物はやはり文がなければならない。文とは単に文字のことではない。誠の道を求め、諸事について吟味工夫をして、間違いをないようにすることである。秀吉はいま大いなる間違いを犯している。しかし、そのことを誰も秀吉に諫言ができない。聞く耳を持たないのだから、諫言しても無意味なのだ。

それでも官兵衛は大坂で秀吉に謁見して朝鮮の日本軍の内実を報告した。もちろん小西の独断なども報告し、早晩、日本が厳しい状況に陥ることなども指摘した。

十二月、明の使者が小西行長のところに来て、秀吉の提示した条件はとても呑めるものではないとしたが、小西や三成らは、本国には書き直して報告すればよいと進言した。小西や三成はこの戦争が容易なものではないことをやっと理解していた。だから欺瞞でもなんでもいいから早くこの戦争を終わらせたかったのである。

しかしそれにたいして加藤清正は強く反発した。彼は正攻法論者であった。そのようなごまかしに与《くみ》しないという立場だった。秀吉の言を信じて朝鮮における自分の領地が欲しかったのだ。肥後の北半分が加藤清正、南半分が小西行長が所領していることもあって両者の確執《かくしつ》はますます増していったのである。

秀吉は明降伏という報告を受け、いっぽう明は日本降伏という報告を受けていた。これは日明双方の交渉担当者が穏便に講和を行うためにそれぞれ偽りの報告をしたためだ。けっきょく日本の交渉担当者は明側に対して「関白降表」という偽りの降伏文書を作成し、「秀吉公の和平条件は『勘合貿易（日明貿易）の再開』という条件のみである」と伝えた。そうしなければ講和がならないどころか、明の将兵が「秀吉の降伏文書を確認するまでは道を通さない」と言って行手を阻《はば》んだからである。そのようなごまかしをするほどに現地の日本軍には厭戦《えんせん》気分が蔓延《まんえん》していた。

「秀吉の降伏」を確認した明は朝議の結果、「封は許すが貢は許さない」（日本が明の冊《さく》封《ほう》体制下に入る事は認めるが勘合貿易は認めない）と決め、秀吉に対し日本国王の称号と金印を授けるため日本に使節を派遣した。冊封体制下ということは属国ということである。

文禄五年（一五九六）九月、秀吉は来朝した明使節を謁見した。そこで明からの国書を読んで激怒した。臣と思っている相手に臣と言われているのだから。

秀吉は使者を追い返し、朝鮮への再度出兵を決定した。しかもみずから渡航して陣頭指揮を執ると言いだした。講和がうまく運ばないので諸将に不信感を抱いたからだ。そのとき、浅野長政が口を切った。浅野長政と秀吉の正室ねねとは義姉弟《きょうだい》である。

「太閤殿下には近頃老狐が憑《つ》いたようでございます」

すると秀吉は刀に手をかけ、

「そちはいま何と言った。このわしに古狐がついた理由を申せ。場合によってはその首を打ち落してくれよう」

浅野長政はその言葉に恐れる色もなく、毅然として言った。

「それがしの首など何百回刎《は》ねられようともなんともありませぬ。いま天下の人民は大義のない戦いによって父を失い、兄弟を失い、夫を失い、嘆き悲しむ者は幾万人でございましょうか。それのみならず、兵糧・軍勢の補充など、日本全国荒野となっております。日本ばかりではなく、朝鮮・明の人民まで悲嘆天地に充《み》ちております。ただいま太閤殿下が御渡海すれば、一揆・盗賊などが諸国に充ち充ち、国家安泰が危うくなります。よって太閤殿下がこのようなお気持ちになられたことはただ事ではなく、古狐が憑いたとしか思えませぬ」

それを聞いて秀吉はますます怒った。

「おのれは主人にむかって狐憑きと雑言《ぞうごん》吐くとは何事ぞ」

とまさに抜刀して浅野長政を手打にしようとした。居ならぶ重臣がとっさに間に入って両者を引き離し、長政を退席させた。翌日から長政が罰を待っていると、たまたま肥後より急使が来て、熊本に一揆が起こり国内が動乱していると注進した。秀吉は浅野長政を呼んで言った。

「先日の事、わしははなはだそちに申しわけないことをした。そちの息子幸長に命じて熊本の一揆を討伐させよ」

官兵衛と浅野長政は親しい仲である。旧友であり、碁友達でもある。長政の意見は即官兵衛の意見でもあった。

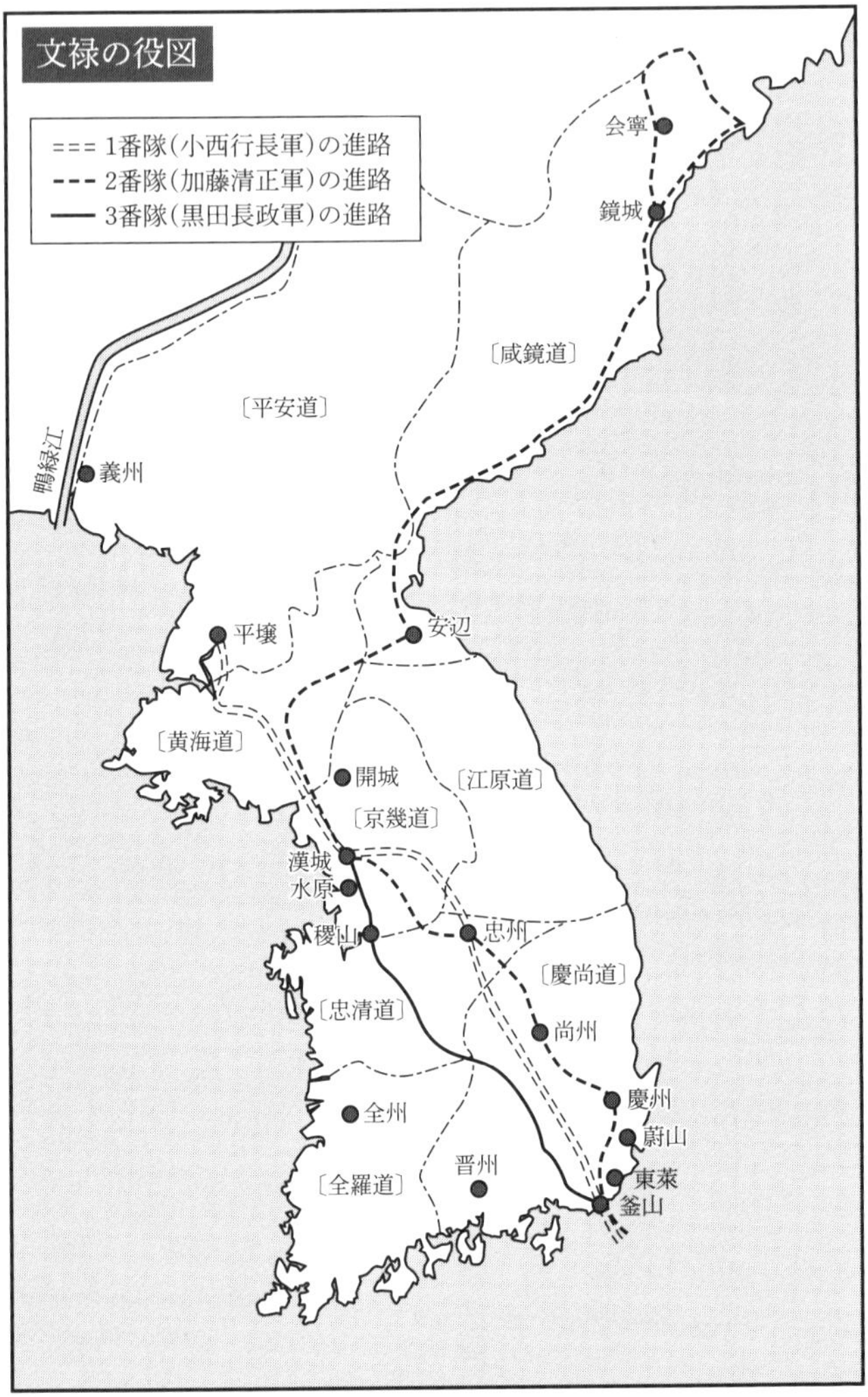
文禄の役図
=== 1番隊(小西行長軍)の進路
- - - 2番隊(加藤清正軍)の進路
— 3番隊(黒田長政軍)の進路
会寧
鏡城
〔咸鏡道〕
〔平安道〕
鴨緑江
義州
安辺
平壌
〔黄海道〕
開城
〔江原道〕
〔京畿道〕
漢城
水原
稷山
忠州
〔慶尚道〕
〔忠清道〕
尚州
慶州
全州
蔚山
晋州
〔全羅道〕
東莱
釜山

## 【官兵衛逸話】

病で朝鮮から日本に一時帰国していたときに、官兵衛は関白豊臣秀次（二六歳）に聚楽第《じゅらくだい》で会った。官兵衛は四国征伐など戦場を共にしているから秀次とは親しい間柄であるし、将棋相手でもある。秀次も官兵衛にはうち解け、官兵衛の小田原合戦の軍功をねぎらって秀次個人の所領三千石を官兵衛の隠居料として分け与えたほどだ。

官兵衛はそのとき秀次のことを思って諫言した。また自ら招いた苦労とはいいながら、秀吉が可哀そうにもなったからである。

「太閤は若い頃よりいくさに明けくれ、やっと天下をお取りになられたが、いま六十になって肥後の名護屋に下り、苦労しておいでになる。まいにち命が縮まる思いをしておられるだろう。

それなのに関白殿はどうであろうか。太閤と血を分けた御子息でもないのに、このような優雅な立場におられる。これは太閤のお陰でござらぬか。そしてこの豊臣を守り発展させていくのは関白殿のお役目ではござらぬか。そうであればいますぐ名護屋に行き、太閤に替わって陣頭指揮を執られるべきではござらぬか。

このように京都にいて毎晩酒色におぼれておられれば、いずれ天罰が下りますゆえ、いますぐご改心くだされ」

官兵衛は秀次の将来を案じ、腹を割って諫言したのである。秀吉が猜疑心が強いことは自分が身をもって体験した。しかも今の秀吉は何を言い出すか知れたものではなかった。石田三成の中傷も怖かった。官兵衛は秀次の身を案じたのである。

しかし秀次は改心せず、けっきょく文禄四年に秀吉の命によって切腹を余儀なくされるのである。一門の女子供まで、三九名が磔や獄門となった。

文禄二年二月、官兵衛と浅野長政は「朝鮮と和議をするにあたって晋州城を落してから和議をすべきだが、その情況判断をいたせ」と秀吉から言い含められて渡朝し、東莱城《トンネソン》に在城していた。講和によって帰陣命令が出ていたので、諸大名もみな南の湾岸都市に帰陣してきた。

三成ら検使三奉行も漢城から帰ってきて官兵衛に面会を乞うた。そのとき、官兵衛は浅野長政と東莱城の奥の間で碁を打っていた。官兵衛は三成たちを待たせてそのまま碁を続け、打ち終わってから部屋に招いたが、三成は気分を害して帰ってしまっていた。その後、三成はあちこちで官兵衛のこの態度を言いふらし、あげくの果てには秀吉にもこのことを中傷した。

官兵衛はその一件が気になっていて、秀吉の了解を得ないまま帰国し、秀吉に会おうとした。しかし秀吉は官兵衛のその行為をひどく怒り、会おうとしなかった。それればかりではなく登城を差し止め、切腹を匂わした。

官兵衛はこの一件で世捨て人《びと》に姿を変え、如水円清《じょすいえんせい》と称するようになった。「水の如く、円く清く」という自戒の法名だ。切腹を覚悟し、長政に遺言まで書いた。しかし官兵衛の心配は杞憂に終わった。さすがに秀吉も考え直したのか、切腹は取りやめになった。

後になって、三成はもう天下取りの野心を持っていたのだろう、長政を懐柔しようと何くれとなく言ってきた。

「もし、拙者と仲直りをしてくれるなら、太閤さまに言って豊後全体を取らすようにいたそう」

長政はそれに対してこう答えた。

「拙者は貴殿のとりなしで大国を得ても、父と仲が悪い人と和睦するわけにはいきませぬ。たとえ大国を得ても、父の心を失うこととなります。それは不孝の極みであります」

とうぜん和睦などするつもりは毛頭なかった。朝鮮では長政自身も三成によって中傷されていたからである。

## 慶長の役

和平交渉が決裂すると西国諸将に動員令が発せられ、慶長二年（一五九七）、進攻作戦が開始された。作戦目標は「全羅道《チョルラド》を悉く成敗し、さらに忠清道《チュンチョンド》やその他にも進攻せよ」というものだ。怒った秀吉は全羅道焦土《しょうど》作戦を命じたのである。作戦目標の達成後は倭城を築城し、在番の城主（主として九州の大名）を定めて常駐し、他の諸将は帰国するという計画が定められた。

九月七日に明と長政の部隊が稷山《チクサン》（ソウル南百五十キロメートルほど）で遭遇戦となり、明軍を水原《スウォン》（京畿道水原市）に後退させた（稷山《しょくさん》の戦い）。長政の兵二九人、明兵二百人余の死者が出るほどの激しい戦いであった。その後、戦闘は一進一退を重ね、日本軍の北上の勢いはそこで止まった。結局、慶長の役ではこの稷山が北進の最北端であった。こうして日本軍は作戦目標通り全羅道・忠清道を制圧し、さらに京畿道《キョンギド》まで進出すると、慶尚道や全羅道の沿岸部へ撤収し、文禄の役の際に築かれた城郭群の外縁部（東は蔚山《ウルサン》から西は順天《スンチョン》に至る範囲）に、計画通り新たな城郭群を築いて恒久領土化を目ざした。

築城を急ぐ日本軍に対して、明軍と朝鮮軍は攻勢をかけてきた。十二月二二日、完成直前の蔚山倭城《ウルサンわじょう》を明・朝鮮連合軍五万七千人が襲撃し、攻城戦となった。守将の加藤清正を狙い討ちにしたのである。未完成の蔚山城は食料準備も出来ていないままの籠城戦となった。年が明けた慶長三年（一五九八）一月になると蔚山城は飢餓により落城寸前まで追いつめられていた。しかし、一月三日、黒田長政・毛利秀元・小早川秀秋らが率いる援軍が到着し、敵に二万人の損害を与えて勝利した（蔚山城の戦い）。

この戦いで三成の親戚筋にあたる福原長尭《ながたか》・熊谷直盛・塩見一見らが蜂須賀家政や長政を中傷した。「蜂須賀家政や黒田長政らが加藤清正の応援に入ったものの合戦をしなかった」と報告したのだ。それが後に三成襲撃事件に発展し、関ヶ原の戦いにおける武断派と文治派の対立となっていった。

さて、黒田軍の本陣は梁山《ヤンサン》（慶尚南道《キョンサンナムド》、釜山の西南二十キロメートル）にあったが、長政の本隊は急きょ加藤清正の蔚山城救援に駆けつけた。その手薄になった梁山の本陣を八千の朝鮮軍が取り囲んだ。黒田の守兵は千五百人で、たまたま官兵衛が在陣していた。

官兵衛は血気にはやる家臣が打って出ることを抑え、敵がもっと城に近づくのを待った。そのときが来ると、官兵衛は城門を開き、兵を送り出し、小競《ぜ》り合《あ》いをさせ、それから城に退《ひ》かさせた。敵は逃げる黒田兵を追って城門の前まで押し寄せた。そこで官兵衛が号令をかけた。「今だ、撃て、馬を狙え」。城壁からいっせいに銃弾が発射されると、敵は撃ち倒され、混乱した。そのときに乗じて城門から槍ぶすまを連ねて突撃したので敵は敗走してしまった（梁山の戦い）。

各城郭の防衛体制が整うと、九州勢六万四千人が城の守備のため朝鮮半島に残り、あとは順次帰国した。

秀吉は翌慶長四年（一五九九）に大軍を再派遣して攻勢を行う計画をしていた。しかし八月十八日、秀吉は死去した。すると、とうぜんのことながら大名間の権力をめぐる対立が顕在化し、政治情勢は不穏なものとなった。もはや対外戦争を続ける状況にはなかった。そこでついに十月十五日、秀吉の死は秘匿《ひとく》されたまま五大老の名で帰国命令が発令された。

秀吉が死んだとき、官兵衛は国の中津で病気療養をしていた。官兵衛はとうじ吉川家の当主となっていた吉川広家にこのような文面の書状を送った。

「我ら事は京引き入り候て世上の様子見るべく申し候」

「かようのときは仕合《しあい》（戦い）に成り申し候」

官兵衛は京より引きこもって天下の様子をじっくり見極めようとしたのだ。これから起こるであろう天下騒乱の臭いを官兵衛は嗅いでいたのである。

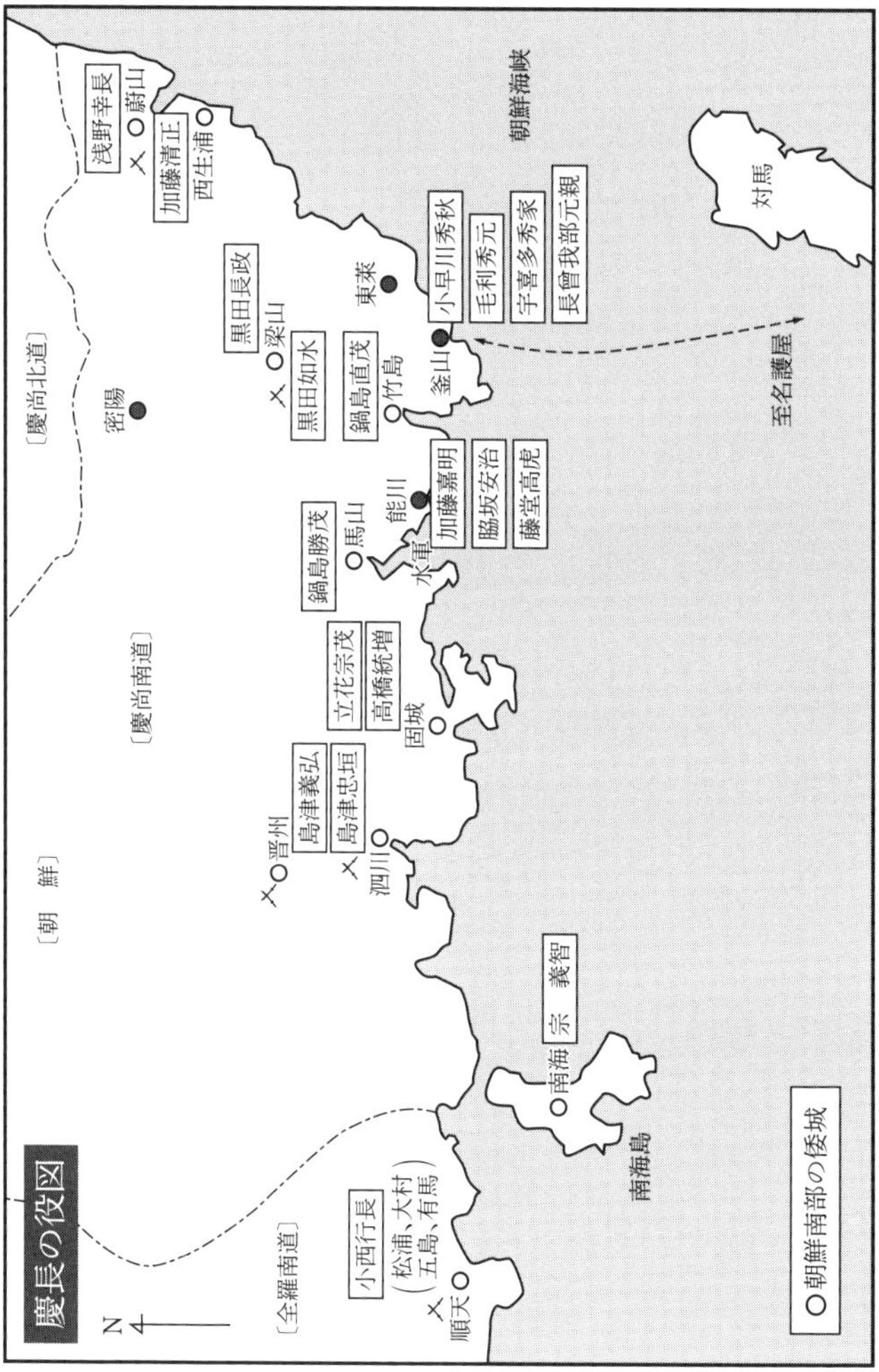
慶長の役図
N
朝鮮海峡
対馬
至名護屋
〔慶尚北道〕
〔慶尚南道〕
〔全羅南道〕
〔朝　鮮〕
浅野幸長
蔚山
加藤清正
西生浦
黒田長政
梁山
黒田如水
密陽
東萊
小早川秀秋
毛利秀元
宇喜多秀家
長曾我部元親
釜山
鍋島直茂
竹島
加藤嘉明
脇坂安治
藤堂高虎
能川
馬山
鍋島勝茂
水軍
立花宗茂
高橋統増
固城
島津義弘
島津忠恒
晋州
泗川
宗　義智
南海
南海島
小西行長
（松浦、大村 五島、有馬）
順天
○朝鮮南部の倭城

慶長二年（一五九七）官兵衛五二歳

六月十二日、小早川隆景死す。六十三歳。

小早川隆景は文禄の役では六番隊として出役した。文禄二年の碧蹄館《ピョクチェグワン》の戦いでは立花《たちばな》宗茂《むねしげ》とともに明軍を撃退した。文禄三年には秀吉の義理の甥羽柴秀俊（小早川秀秋）を養子に迎え、文禄四年には家督を譲って隠居し、広島の三原（広島県三原市城町）で過ごしていた。

官兵衛は小早川隆景と仲が良かった。あの高松城攻防戦によって敵味方に分かれて戦い、信長の死によってその戦いが和睦となっていらい、二人の間には信頼関係が生まれた。歳は官兵衛のほうがひとまわりも下であるし、性格もちがうが、官兵衛は隆景の信頼性のある性格が好きだったし、隆景は官兵衛の才知と果敢な性格が好きだった。

隆景は官兵衛に言ったことがある。

「貴公は事を決断して後悔することがあるだろう。なぜならば貴公は才気煥発で、一を聞いて二を知るほど聡明であるから、即断即決で物事を決める。だから不本意な結果になることもあるであろう。私は不才ゆえ即断即決ができぬので、あれやこれやとじゅうぶん迷い検討するので後悔することが少ないのである」

官兵衛はその意見にあえて反論はしなかったが、こう思った。

「いくさという最高の知能を必要とする場面では即決即断はもっとも要求される才能なのである。戦いは草鞋《わらじ》と木履《ぼくり》（下駄）を履いてしなければならないものなのである。万全の状態で戦ういくさなどありはしない。だからこそ即決即断が要求されるのである。その点、隆景は結論が遅過ぎる」

そして長政にはこう言った。

「戦いは死生の境であるから分別が過ぎれば重大な戦いには勝てない。戦いというものは草鞋と木履のそれぞれ片方を履いて戦うようなものだから、瞬時の判断と思い切りがよくないと後手を踏む。そちは賢いので、先の手が見え過ぎて大ばくちが打てないきらいがあるのでそのことを注意するように」

# 第六章　関ヶ原の戦い

## 家康と三成の対決

慶長四年（一五九九）官兵衛五四歳

正月十日、秀吉の遺言にしたがって豊臣秀頼は伏見城より大坂城に移った。前田利家は秀頼の後見となったので、大坂城に住むこととなった。伏見城は五奉行が交替で番を勤めた。

五大老―徳川家康二五五万七千石、前田利家百二万五千石、宇喜多秀家四七万石、
上杉景勝百十一万九千石、毛利輝元百二十万五千石

五奉行―石田三成二五万石、浅野長政二一万四千石、増田長盛《ましたながもり》二十万石、前田玄以《まえだげんい》五万石、長束正家《なつかまさいえ》五万石

この年の春、五奉行が密談して家康排斥の企《たくら》みをし、伏見・大坂間が騒々しくなった。黒田長政は部下二十人ほど引き連れ家康の守護にあたった。家康はそのことを恩義に感じ、長政の手を取って感謝した。

長政と官兵衛は加藤清正と福島正則を家康方にひきこみ、前田利家を利家の親戚である細川忠興《ただおき》を通じて説得した。その頃前田利家は五奉行の連中に賛同し、家康と不和になっていた。忠興の嫡男忠隆の正室千世は前田利家の娘である。

「秀吉公亡き後、天下の雄は家康公と利家殿でござる。もし三成が利家殿をかついで家康公を亡きものにしてしまえば利家殿の天下にはなるが、利家殿は老年で病気がちでござる。もう長くはない。利家殿の子利長はまだ若いので亡きものにするのは簡単であると三成たちは考えておる。

家康公は古今有数の良将でござる。それに家康公に与《くみ》する大名はみな有力大名で、形

勢は家康公に有利でござる。だから急いで利家殿と家康公とが和睦をしたほうがよいと存ずる」

黒田父子は忠興をそう説得し、忠興は前田利長を説得した。これにより二月五日、利家と家康は和睦した。また、加藤清正は石田三成や小西行長などとは険悪な関係にあったが、豊臣に対する忠誠心が強く、秀頼に執着していた。それを思いきらせたのは官兵衛と長政だった。

小早川秀秋は高台院《こうだいいん》（ねね）の甥だった。官兵衛の仲立ちで小早川隆景の養子となった。だから西軍の毛利の一族に属していた。しかし官兵衛は九州で秀秋の家老平岡頼勝《よりかつ》に会った。平岡の正室は官兵衛の姪である。官兵衛は三成と家康の比較をし、三成に与することの不利を諄々と説くと平岡は納得して、秀秋を説得することを約束した。秀秋は文禄・慶長の役で三成の報告がもとで筑前名島三五万石から越前北ノ庄十二万石に大減封され、それを家康に回復してもらった経緯がある。そのことを官兵衛は衝いたのである。

また、官兵衛は吉川《きっかわ》家の当主である吉川広家を通じて秀秋を説得した。吉川広家は毛利の一族ではあるが輝元や秀元とは意見を異にしていて最初から家康に与していた。広家は官兵衛を尊敬していたのである。二人の間には深い信頼があった。

官兵衛は豊臣家は二代続くことはないと確信に近い考えを持っていた。秀吉のあとは秀頼ではなく家康にちがいないと思っていた。勘ではない。理屈である。つまり、

「秀吉はたぐい稀なる才能と個性で匹夫《ひっぷ》から天下人となった。このまねは誰もできない。今の諸大名は秀吉の気風《きっぷ》と個性に眼がくらみ、義を捨てて秀吉の傘下に入ってきた連中ばかりだ。秀吉の権勢に従っただけだ。

いまの有力者が秀吉のまねをすればひんしゅくを買うだろう。敵をつくるだけだ。それかといって威厳だけでは誰もついてこない。どちらにしても諸大名を統率することは大変なことなのだ。秀頼にはこの両方が欠けている。しかし、諸大名は秀吉の記憶が残っているから秀頼にそれを期待し、そして幻滅を味わう。だから次の天下人は秀頼とはならない。秀頼を担ぐにはあまりにも秀吉の個性が強過ぎた。その点、家康は大大名であるし、功積といい武勲といい申し分ない。おまけに律儀な性格だ。口下手《べた》だから余分なことは言わずかえって信頼性がある」と官兵衛は考えるのである。

官兵衛はむかし小寺が信長につくか毛利につくかを議論し、自分が信長の方に導いていったように、先を読む自分の能力に自信を持っていた。

閏《うるう》三月三日、前田利家死す。六二歳。

その夜、加藤清正・黒田長政・細川忠興・浅野幸長《よしなが》・福島正則・加藤嘉明《よしあきら》・池田輝政《てるまさ》の七人が石田三成を襲った。朝鮮の役で三成に煮え湯を飲まされた武断派の大名たちばかりだ。

三成は女の駕籠に乗って大坂城を逃げ出し、伏見城に身を寄せた。その頃伏見城は空き城になっており、その日、家康が留守居をしていた。家康は三成を保護し、七人の大名に兵を退《ひ》かさせたあと、一連の騒動はひとえに三成の所業のせいと説教をし、三成を佐和山城（滋賀県彦根市）に隠居させた。

伏見城は各奉行が交替で番をすることになっていた。いっぽう家康の住居は伏見の向島（伏見区向島、伏見城南）にあり、不用心なので、長政の発案により家康を伏見城に居住するようにした。これにより家康は閏三月十三日に伏見城に移った。そして九月十一日にはとつぜん大坂城西の丸に移ったのである。

慶長五年（一六〇〇）官兵衛五五歳

正月、各大名は大坂城本丸の秀頼に慶賀を述べ、それから西丸の家康に同じく挨拶をした。しかし会津の上杉景勝《かげかつ》だけは参勤しなかった。家康は上杉に「天下の政務相談のため、豊国《とよくに》神社（京都市東山）参礼のため、急いで上洛せよ」と伝えた。

しかし上杉は三成との密約があった。

「会津で謀叛を起せばかならず家康が会津に攻めてくるだろう。そのときには三成が兵を挙げ、家康をはさみ撃ちにする」

今、上杉はその密約に沿って上洛をしなかったのだ。家康はこの上杉景勝の行為を衆議にかけ、征伐する、との結論を得た。

六月六日、家康は大坂城に諸大名を集め、上杉征伐の配属を定めた。そしてこの日、長政は家康の養女保科正直《ほしなまさなお》の女《むすめ》栄姫《さかえひめ》と大坂天満《てんま》の居宅で結婚した。この女《むすめ》は家康の姪になる。その輿《こし》は家康のいる大坂城西丸から出た。この結婚で長政は先妻、蜂須賀小六の女《むすめ》と別れることとなった。

六月十六日、家康は上杉征伐のため大坂を出立した。兵は五万五千八百人であった。

長政は出陣するにあたって家臣の母里太兵衛《もりたへえ》・栗山四郎右衛門・宮崎助太夫（重昌）を呼んで次のように命令した。

「家康公が関東へ御下向したのちに大坂で騒動があれば、敵はおそらく拙者の母上と妻を人質として城に取り込もうとするだろう。どうしても母上と妻を豊前の本国にぶじ帰還させなければならぬ。けっして城の中に人質として取られることのないように。しかしまだ戦いにもなっていないうちに母上と妻を本国に帰すわけにもいかぬ。時期をみてひそかに帰してほしい。もし敵に見つかったら四郎右衛門と太兵衛は敵と戦い、帰還が難しいとなったら助太夫は母上と妻を殺して自害せよ。二人が敵に捕われれば我が家の恥であるからな」

長政はもっとも信用のおける家臣を戦場にやらず、女たちの救出に向けた。

石田三成は家康が出立したあと、佐和山を出て大坂に行き、兵を挙げた。そこに馳せ参じた大名は、毛利輝元・小早川秀秋・宇喜多秀家・島津義久・安国寺恵瓊《あんこくじえけい》・小西行長・

長宗我部《ちょうそがべ》盛親《もりちか》・増田《ました》長盛《ながもり》・大谷吉継《よしつぐ》・吉川《きっかわ》広家《ひろいえ》・毛利秀元・真田《さなだ》昌幸《まさゆき》ら九万三千七百人だった。

さて、長政から命令を受けた栗山四郎右衛門たちはこのままでは両御台所《みだいどころ》は必ず敵の人質になってしまうと判断し、二人をひそかに町屋に連れ出してそのまま本国に帰してしまうことを計画した。

栗山四郎右衛門は母里太兵衛を病人に仕立て、医者に診せると称して町に出た。町番の者が「乗り物の扉を開いて出て行きなさい」と言うので、毎朝そのようにして町に出ていった。そのうち扉を半開きにしても咎めないようになった。

頃合いを見て、四郎右衛門は長政の母を隠し乗せ、なにくわぬ顔で出ていったが、いつものことだから咎める者もなかった。まず母を出入り商人の町屋にあずけ、また次の朝、長政の妻を同様に連れ出した。

その夜、船に乗せて本国まで逃げようと計画した。船までどうやってたどりつくか検討した結果、女たちを俵に入れて船に運ぶことにした。しかし女たちは、この暑いのにそんなことをするくらいなら死んだほうがましだ、と泣きつき、男たちは途方にくれた。そこで出入り商人に相談したところ、櫃《ひつ》に入れて茶船に乗せ、それから本船に移したほうがよいということになった。もしバレたらそのときよ、と腹をくくったが、ぶじ本船に乗り移ることができた。

一方、細川忠興の御台所《みだいどころ》ガラシャ（珠子《たまこ》）は人質になるのを拒絶し、自害した。ガラシャは明智光秀の女《むすめ》である。

## 関ヶ原の戦い

この戦いに官兵衛は直接的には参加していない。このときには官兵衛は豊前で兵を興し、九州平定の最中であった。ただ、息子長政はこの戦いの或る意味では主役であった。

家康は上杉攻めのため秀頼より金二万両と兵糧二万石が下賜《かし》されて、秀頼の命を奉じる形で六月十六日に大坂城を出陣、いったん伏見城に入った。

七月十二日、佐和山城で三成は大谷吉継・増田長盛・安国寺恵瓊と秘密会議を行い、毛利輝元への西軍総大将就任要請などを決定した。

七月十七日、安国寺の要請を受け入れた毛利輝元は大坂城に入城して、西軍の総大将に就任した。それと同時に三成は増田長盛・長束正家《なつかまさいえ》ら三奉行の連署による家康告発状「内府ちかひ（違い）の条々」を発し、それに主として中国・四国・九州の諸大名が同意し、反家康の兵力はおよそ十万となった。しかし内部は必ずしも一枚岩ではなく、吉川広家や鍋島直茂《なべしまなおしげ》のように早くも東軍への内応を画策する大名もいた。

三成はまず会津征伐に従軍していた諸大名の妻子を人質に取る作戦に出た。しかし、加藤清正や黒田父子の妻が逃亡、さらに細川忠興の正室である細川ガラシャが、人質に取られることを拒否して細川邸に火を掛け自害するなどが出来《しゅったい》し、その作戦は失敗に終わった。強行すると人心が離反するからである。

そこで、翌十八日、西軍は家康の家臣鳥居元忠があずかる伏見城の開城を要求したが元忠は拒絶した。明くる七月十九日から伏見城攻防戦が始まった。城は宇喜多秀家・小早川秀秋・島津義弘ら四万の大軍が攻めたが、元忠ら千八百名の籠城兵は十三日間持ちこたえた。八月一日、元忠は鈴木重朝《しげとも》（雑賀《さいか》孫市）の裏切りに遭って落城した。伏見城陥落後、三成は美濃方面を抑えるため、八月十日、西軍の前線基地である大垣城に入った。

家康は七月二四日に下野《しもつけ》小山《おやま》（栃木県小山市）に到着した。ここで家康は三成が挙兵し伏見城攻撃を開始したことを知らされた。家康は従軍した諸大名を招集し、翌二五日に今後の方針について軍議を開いた（小山評定）。

家康にとって最大の問題は、東海道・東山道に所領を有する豊臣恩顧の武将たちがどのような態度をとるかであった。三成挙兵の報《しらせ》は彼らの耳にも届いていて、彼らは判断に苦慮していた。そのため、家康の命を受けた長政は福島正則に発言を依頼した。

「諸将に、三成が秀頼のためにならないことを説明し、東軍につく態度を鮮明にするように言っていただきたい」

評定では情勢の説明をして、「妻子が人質になっているため進退は各自の自由である」との家康の意向が伝えられた。すると間髪をいれず、福島正則が家康に味方することを表明。長政がこれに続き、それにつられるようにほぼすべての従軍諸大名が家康に従うことを誓約した。

この一連の工作の中で長政は官兵衛自身から聞いている織田信長への与力一件のことをしきりに思い出していた。

「主人を選定することにはきわめて高度な判断を要する。父が小寺家中の意見を信長公にまとめていくのに細心最大の力を注いだことだろう。そしていま自分は家康公の方に諸大名を導くのに最大の努力を傾注している」

長政は父の苦労を実感するとともに、父子に天から賦与《ふよ》された先見性の才識に自信を持ち、また歴史の重みをひしひしと感ずるのであった。

三成迎撃《げいげき》で評定が決定すると、諸大名は七月二六日以降続々と陣を払い、福島正則の居城である尾張清洲城（愛知県清須市一場）を目ざして進軍した。

家康は嫡子の徳川秀忠に榊原康政《さかきばらやすまさ》・大久保忠隣《ただちか》・本多正信《まさのぶ》を添え、約三万八千の軍勢で中山道より美濃方面への進軍を命じた。いっぽう上杉・佐竹（佐竹義宣《よしのぶ》、五四万石）への抑《おさ》えとして、次男である結城秀康《ゆうきひでやす》を総大将として宇都宮城に留め、監視させた。

東軍諸大名が清洲城を目ざし西進を開始した後も、家康は江戸にとどまり、藤堂高虎《とうどうたかとら》や長政らを使って諸将に書状を送り続け、西軍の切り崩しを計った。家康が諸大名などに宛てた書状は約二百通にもなった。

長政は吉川広家には毛利家所領の安堵を、小早川秀秋には、高台院（ねね）への忠節を説いて内応（裏切り）を約束させた。秀秋・長政・清正・正則などは立場こそ違え、子供の頃は皆ねねの世話になって兄弟のように育っている。だから彼らにはねねを芯として仲間意識がある。今、そのねねの心情が淀殿（茶々）への反発もあって東軍寄りになっていた。まして秀秋はねねの甥である。

九月一日、家康は約三万三千の兵とともに出陣し、東海道を西上した。めざすは三成の佐和山城を落し、大坂城に入城することである。

三成は大坂城にいる豊臣秀頼、あるいは総大将である毛利輝元の出陣を要請していたが、いずれも淀殿に拒否され果たせなかった。また、西軍の北陸道軍に従軍していた京極高次《たかつぐ》が突如として戦線を離脱、居城の大津城に籠城して東軍への加担を鮮明にした。高次の正室は淀殿の妹初《はつ》である。このため三成は毛利元康（毛利元就《もとなり》の八男）を大将に、小早川秀包《ひでかね》（毛利元就《もとなり》の九男）や立花宗茂《たちばなむねしげ》ら一万五千の軍勢を本隊から割《さ》いて、大津城攻撃へと向かわせた。九月七日のことである。けっきょくこの大津城が落城した日が九月十五日で、それは関ヶ原合戦の日でもあった。つまりこの西軍の一万五千の兵は天下分け目の決戦日に間に合わなかったのである。

十四日夜に家康が東軍の集結地赤坂（岐阜県大垣市赤坂町）を出て西へ向かう構えを見せた。先鋒は長政と福島正則だ。赤坂は大垣城の北西約一里のところにある。これを察知した三成以下西軍三万の兵は東軍よりも早く大垣城を出陣して、西に四里の所の関ヶ原方面へ転進した。そこで東軍の西行を遮《さえぎ》ろうとしたのである。

攻城の難しさを知っている家康は西軍を城（大垣城）から野戦（関ヶ原）にうまく誘いだしたのだ。関ヶ原村は南は松尾山、北は笹尾山、東は南宮山という小山に囲まれた窪地である。その真ん中を中山道と北国《ほっこく》街道が交叉する。交通の要衝なのだ。

この十四日、小早川秀秋がその松尾山に陣を構えた。秀秋は伏見城の戦い以降病と称して戦場に出ず、東軍への内応を長政経由で家康に表明していた。このため三成ら西軍首脳は疑念を抱いていた。

慶長五年八月十五日、関ヶ原の濃霧の中で十五万の東西両軍は二時間ほど対峙し続けていた。やがて、霧も薄くなってきた辰の刻（午前八時頃）、東軍の先陣争いがあった。井伊直政隊（兵三千六百）の抜けがけに激怒した先鋒左翼の福島正則隊（六千）が宇喜多秀家隊（一万七千）に突撃したのだ。ここに関ヶ原の戦いの火ぶたが切られた。

福島・加藤（嘉明、三千）・井伊・本多（忠勝、六百）など数多くの東軍部隊が、西軍部隊で最強を誇る宇喜多隊に突撃した。しかし宇喜多隊の猛反撃により相次いで後退した。それでも東軍部隊は何度も宇喜多隊に突撃し、一進一退の関ヶ原一の激戦が展開された。

石田三成隊（七千）には黒田（五千四百）・細川隊（五千）らが攻めかかった。これは士気が高い部隊同士の戦いであり、熾烈《しれつ》をきわめた。先鋒右翼の長政は竹中重門《しげかど》（半兵衛の嫡子）と共に北側の丸山（丸山狼煙《のろし》場）に陣取り、開戦の狼煙を挙げた。

その丸山から一キロほど先、笹尾山の三成隊は木柵・空堀《からほり》からなる野戦陣地を築いていた。さいしょ長政軍と三成の重臣島左近《しまさこん》との間で激しい銃撃戦が展開された。後から繰り出した三成隊と長政・細川忠興・加藤嘉明・田中吉政（三千）らは朝鮮役の遺恨とばかりに猛烈な肉弾戦を演じた。後藤又兵衛もその戦いで敵将の首を取った。

そのうちに長政の鉄砲隊が北側の小丘をかけ上り、島左近隊の左側面から銃を瞰射《かんしゃ》（高い所から見下ろして撃つ）した。その威力はすさまじく、石田三成隊は島左近はじめ多くの兵がバタバタと倒れた。三成隊はジリジリと後退を余儀なくされていった。

やや遅れて大谷吉継隊（三千）には藤堂隊（二千五百）・京極隊（三千）が襲いかかった。兵力的には東軍側が圧倒していたが、戦《いくさ》上手で知られる大谷吉継は巧みな用兵で三倍近い藤堂隊・京極隊を何度も押し返した。

開戦から二時間を過ぎた頃、三成はまだ参戦していない武将に参戦をうながす狼煙を打ち上げた。さらに島津義弘隊（千六百）に応援要請の使いを出した。しかし島津は「使者が下馬しなかったのは無礼だ」という理由で応援要請を拒否した。

また南宮山の安国寺恵瓊（千八百）・毛利秀元（一万五千）・長宗我部盛親（六千六百）・長束正家（千五百）らは長政と内応済みの吉川広家（三千）に道を阻まれて参戦できずにいた。

それでも松尾山の小早川秀秋隊（一万五千）が東軍の側面と背後を攻撃すれば、西軍は優勢になるはずだった。しかしその小早川秀秋は松尾山の山奥に布陣し、両軍の戦況が落ち着くまで動かない考えだった。

正午過ぎ、家康は内応を約束していた小早川秀秋隊が動かないことに業を煮やして、松尾山に向かって威嚇《いかく》射撃を加えた。迷いに迷っていた小早川秀秋は、この家康の鉄砲の督促に意を決して松尾山を降り、なだれを打って大谷吉継隊の側面におどりかかっていった。ここに小早川隊の大軍は東軍に寝返ったのである。

小早川隊が寝返ると、大谷隊の傘下にあった脇坂安治《やすはる》（淡路洲本、千）・朽木《くつき》元綱（近江朽木、六百）・小川祐忠《すけただ》（伊予府中、二千）・赤座直保《あかざなおやす》（越前今庄《いまじょうむら》邑、六百）の四隊がそれに呼応した。大谷隊にしてみればいままで一緒に戦っていた者が、急に刃《やいば》をこちらに向けて突撃してきたのである。小早川隊の造反はやや予測していたものの、この四隊の裏切りは予測していなかった。不意をつかれて、大谷隊はたちまち壊滅の憂き目に遭ってしまった。

大谷隊を壊滅させた小早川・脇坂ら寝返り部隊や、藤堂・京極などの東軍部隊は、関ヶ原一の死闘を繰り広げている宇喜多隊に狙いをつけ、関ヶ原中央へ向け攻撃を始めた。

宇喜多隊は小早川隊の裏切りですっかり浮足立ってしまった。やがて強豪宇喜多隊は東軍勢の前に壊滅してしまい、それが連鎖反応となって西軍を襲った。織田有楽

（四百五十）・寺沢広高（二千四百）と戦っていた小西行長隊（四千）も早々と壊滅し、小西行長は敗走。石田三成隊も東軍の総攻撃を相手に粘りに粘り続けたが島左近など重臣たちは討ち死にし、とうとう壊滅した。三成も伊吹山方面へ逃走した。未《ひつじ》の上刻（午後二時）のことである。

こうした中、島津隊は東軍に包囲されてしまった。このままでは全滅である。ここにおいて島津勢の正面突破作戦が開始された。それしか方法がなかったのである。

島津義弘隊千六百名がいっせいに鉄砲を放ち、正面に対峙していた福島正則隊の中央に突撃を開始した。西軍諸隊がことごとく壊滅・逃亡する中でのまさかの反撃に虚を衝かれた福島隊は混乱し、その間に島津隊は兵を八十前後に激減しながらも強行突破に成功した。

家康はあくる九月十六日には裏切り組である小早川・脇坂・朽木らに三成の本拠である佐和山城攻略の先鋒を命じた。お家安泰のために軍功を挙げなければならない秀秋らの攻撃は激しく、翌十八日早朝に佐和山城は落城した。

いっぽう関ヶ原本戦直前まで西軍の前線司令部であった大垣城には、福原長堯《ながたか》（豊後府内城主、妻は三成の妹）をはじめ垣見一直《かきみかずなお》（豊後富来《とみく》城主）、熊谷直盛（豊後安岐《あき》城主、妻は三成の妹）、木村由信（美濃北方城主）・豊統《とよむね》父子などが守備の任に就いていた。関ヶ原本戦が西軍の敗北に終わると、城内には動揺が広まったが、いち早く行動に出たのは三の丸を守備していた肥後人吉《ひとよし》城主・相良頼房《さがらよりふさ》であった。

頼房はかねてより井伊直政を通じ、家康へ密かに内応していた。西軍敗北の報を受け、頼房は妹婿の秋月種長及びその弟である高橋元種と相談の上、軍議と偽って籠城中の諸将を呼び出し、現れた垣見・熊谷・木村父子を暗殺し、ここに大垣城は開城されてしまった。

家康は三成や宇喜多秀家、島津義弘らの捕縛を厳命。一方で大坂城無血開城を行うべく、福島正則と長政に西軍総大将である毛利輝元との開城交渉を命じた。

また家康が大津城に入城した日に、中山道軍総大将であった徳川秀忠が合流した。真田昌幸に上田城で翻弄《ほんろう》され本戦に間に合わなかった秀忠に対して家康は激怒し、しばらく目通りを許さなかった。

いっぽう逃亡していた西軍諸将は、まず九月十九日に小西行長が竹中重門の兵に捕らえられ、続いて三成が九月二一日、近江伊香郡高時村において捕縛された。九月二三日には京都において安国寺恵瓊が捕らえられた。十月一日、この西軍の三人は京都市中引き回しのあと六条河原において斬首された。

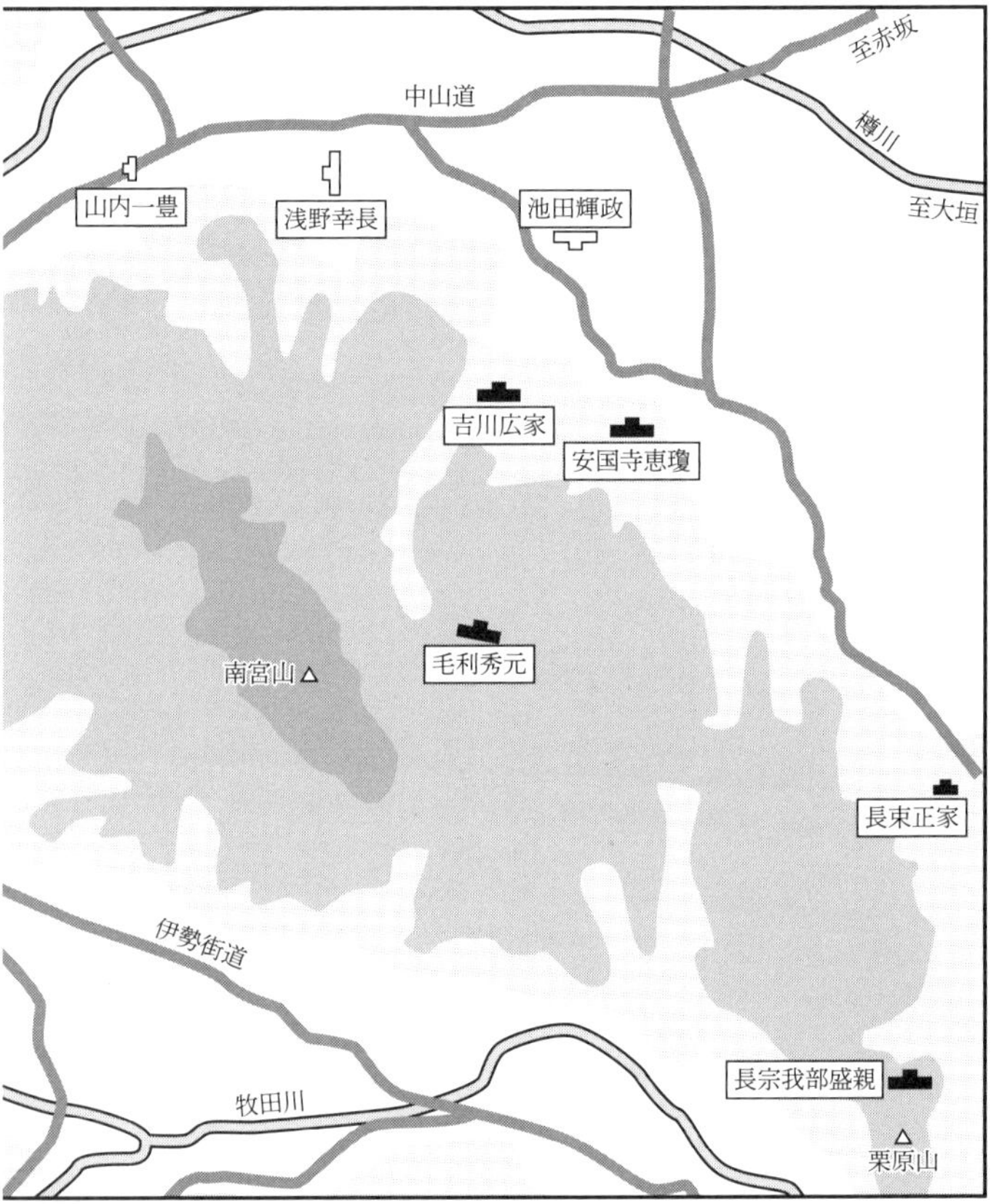
至赤坂
中山道
樽川
至大垣
山内一豊
浅野幸長
池田輝政
吉川広家
安国寺恵瓊
南宮山
毛利秀元
長束正家
伊勢街道
牧田川
長宗我部盛親
栗原山

関ヶ原戦い図

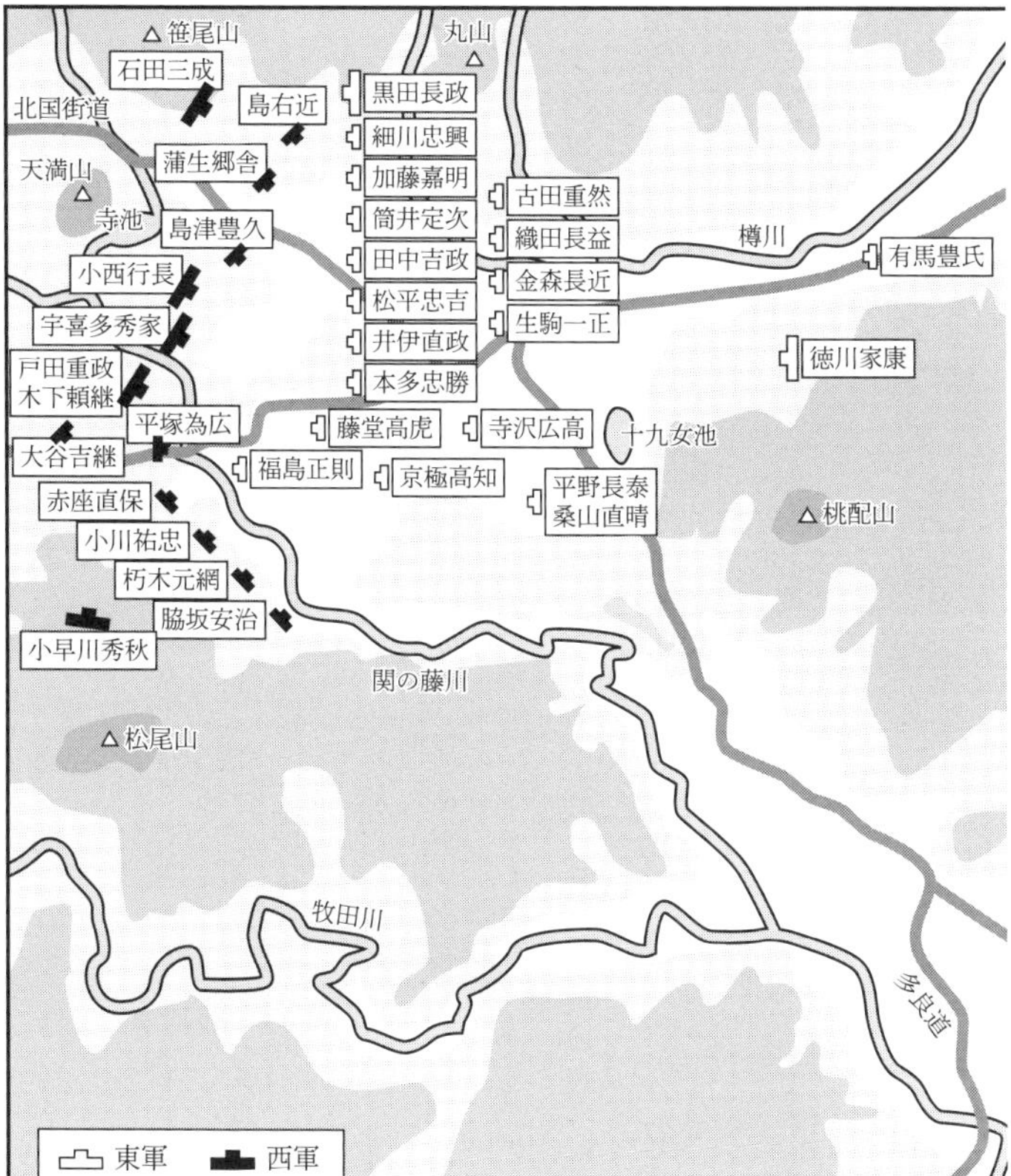
笹尾山
丸山
石田三成
島右近
北国街道
蒲生郷舎
天満山
寺池
島津豊久
小西行長
宇喜多秀家
戸田重政
木下頼継
平塚為広
大谷吉継
赤座直保
小川祐忠
朽木元綱
脇坂安治
小早川秀秋
黒田長政
細川忠興
加藤嘉明
筒井定次
田中吉政
松平忠吉
井伊直政
本多忠勝
古田重然
織田長益
金森長近
生駒一正
樽川
有馬豊氏
徳川家康
藤堂高虎
寺沢広高
十九女池
福島正則
京極高知
平野長泰
桑山直晴
桃配山
関の藤川
松尾山
牧田川
多良道
東軍
西軍

## 【石田三成】

三成は、永禄三年（一五六〇）に今の長浜市石田町に生まれた。官兵衛より十四歳年下だ。三成が秀吉に仕えるきっかけとなった有名な逸話がある。

鷹狩りの帰りにのどの渇きを覚えた秀吉が近江の観音寺という寺に立ち寄った。そこで、寺小姓に茶を所望したところ、寺小姓は最初に大きめの茶碗に温《ぬる》めの茶を、次に一杯目よりやや小さい茶碗にやや熱めの茶を、最後に小振りの茶碗に熱い茶を出した。まず温めの茶で喉の渇きを癒し、あとの熱い茶をじゅうぶん味わわせようとする寺小姓の細やかな心遣いに感じ入った秀吉は彼を家来として採用した。それが後の石田三成である、という「三杯の茶」の逸話である。

この逸話の真偽のほどはわからないが、小才の利いた三成の性格をよく伝えている。

三成は十四歳頃から小姓として秀吉に仕えたが、のちに豊臣政権の吏僚《りりょう》大名として成長していく。三成が官僚として実権を持っていくにしたがい、蜂須賀・浅野・黒田ら旧臣らとあつれきを増していくことは自然のなりゆきだった。それが朝鮮の役をきっかけに文治派と武闘派という形をとって表面化した。とくに軍師・軍略の黒田家とは相容れないものがあるうえ、所領も黒田の豊前十二万石にくらべ、石田の近江佐和山十九万四千石と、黒田の恨みを買うには充分なものがあった。

三成はその近江佐和山で善政を施し、領民からは慕われた。飢饉のときには免祖をしたほか、米を分け与えた。居城は質素で、落城したときには金もあまり残っていなかった。

三成は関ヶ原の合戦のあと、伊吹山山麓で捕われ、大津城の門前で生き曝しにされた。このとき福島正則は三成に罵詈雑言《ばりぞうごん》を浴びせたが、長政や浅野幸長は逆に三成にいたわりの声をかけた。また小早川秀秋は三成に裏切りを激しくののしられた。

# 第七章　官兵衛の九州平定と潰《つい》える野望

## 兵を興す

その頃、官兵衛は豊前《ぶぜん》中津にいた。

話は二カ月ほどさかのぼって、その年の七月十七日、大坂にいる母里太兵衛・栗山四郎右衛門から官兵衛のところに至急の連絡があった。

「家康公が関東へ下る機会を狙い、石田三成は毛利・島津・小西・安国寺・そのほか奉行たちを巻きこみ乱を起すという噂が流れています。まず伏見城など、この近国にある家康公の味方の城々を攻めるという話です」

これを見て官兵衛は声高に叫んだ。

「天下分け目の戦いがもう始まったぞ、さあ、戦いの用意じゃ！」

官兵衛は珍しく興奮した。官兵衛の戦いの血が騒ぎ立ったのである。

官兵衛は小田原の北条征伐のときに家康という人物に親しく接していたので、その器量をよく心得ていた。それで秀吉が亡くなったときには家康に帰服しようとかねてから考えていたので迷いはなかった。おまけに三成嫌いは父子ともども同じである。二人とも三成には煮え湯を飲まされている。

「九月九日、兵を東に向けて出陣」

八月中旬、官兵衛がこう指令を発すると、家老たちが「上方《かみがた》の状況を見てからにしたほうがいいのではございませぬか」という。この家老たちの意見に対して官兵衛はこう答えた。

「それは間違っておる。もう三成が反逆したことは事実なのだから、上方の状況うんぬんは二の次のことだ。九州の三成陣営をすべて討たねばならぬ。家康公が出陣する前にわれらが九州で旗を上げ、ここの敵を平定することによってわれらの値が出るのではないか」

家臣たちは官兵衛の野望を理解していなかった。家康に恩を売るにはいい機会だった。それもある。しかしこの機会に乗じて九州を平定すれば、上方の戦局がどうなろうと、これをテコに兵を率いて上洛ができるのではないか。西国は敵方が多い。九州も中国も四国も敵だらけだ。島津を攻めるのも毛利を攻めるのもこちら側が徳川方だという大義名分がある。九州・中国を平定し、一大勢力で上洛し、戦いで弱り切った西軍を挟撃し、壊滅させることはそう難しいことではない。官兵衛には自信があった。

それに……、場合によっては……、東軍も。

官兵衛は体の芯がゾクゾクした。ふと気がつくと、どうしても思考が或る一点に集中していって、それが抑えても抑えても膨れ上がってくるのである。

官兵衛は重臣を集め、急いで兵を雇い、戦いの用意をするように言った。そのようなところに三成からの使者が密書を持ってきた。

「家康殿は何事もわがままで、秀頼さまを無視しておられる。そこで『家康殿に切腹をさせ、秀頼さまを奉ずるべきだ』と太閤さまに恩義のある者たちがお決めになられた。黒田如水殿は太閤さまに御厚恩いただいたことは周知のことですから、この趣旨に反対ではござらぬことでしょう。しからばこの決定に御賛同くだされ。もし御賛同いただけましたら急いで御上洛くだされ。如水殿は戦争巧者であられるのでこれからの戦いを指図していただきたく存じます。秀頼さまの天下になりましたら、領地のことはお望みしだいになりますでしょう」

このようにかれこれと甘言《かんげん》を弄《ろう》してきた。官兵衛は三成の使者に答えた。

「気にかけていただきありがたく存ずる。愚老は太閤さまに古今稀なる御厚恩いただいたことは申すに及ばぬことでござる。秀頼公のためとあらば何事でも粗略に扱うことはできぬ。また、領地は望みしだいとの趣旨でござるが、曖昧なことでは後にもめ事となるので、九州のうちこれこれ七カ国を与えるということであればお味方いたし、家康殿退治の作戦に粉骨砕身努力いたす。ついてはその誓紙をいただきたく存ずる。そのため貴殿に使者を添えるので、三成殿の真意をお聞かせ願いたい」

そう言い、黒田の家臣を添えて帰した。「殿さま合点がいきませぬ」と重臣たちが言うと、官兵衛は答えた。

「なあに、七カ国もわれらに削《さ》くことなどできぬわ。周りを見てみよ。みな敵ではな

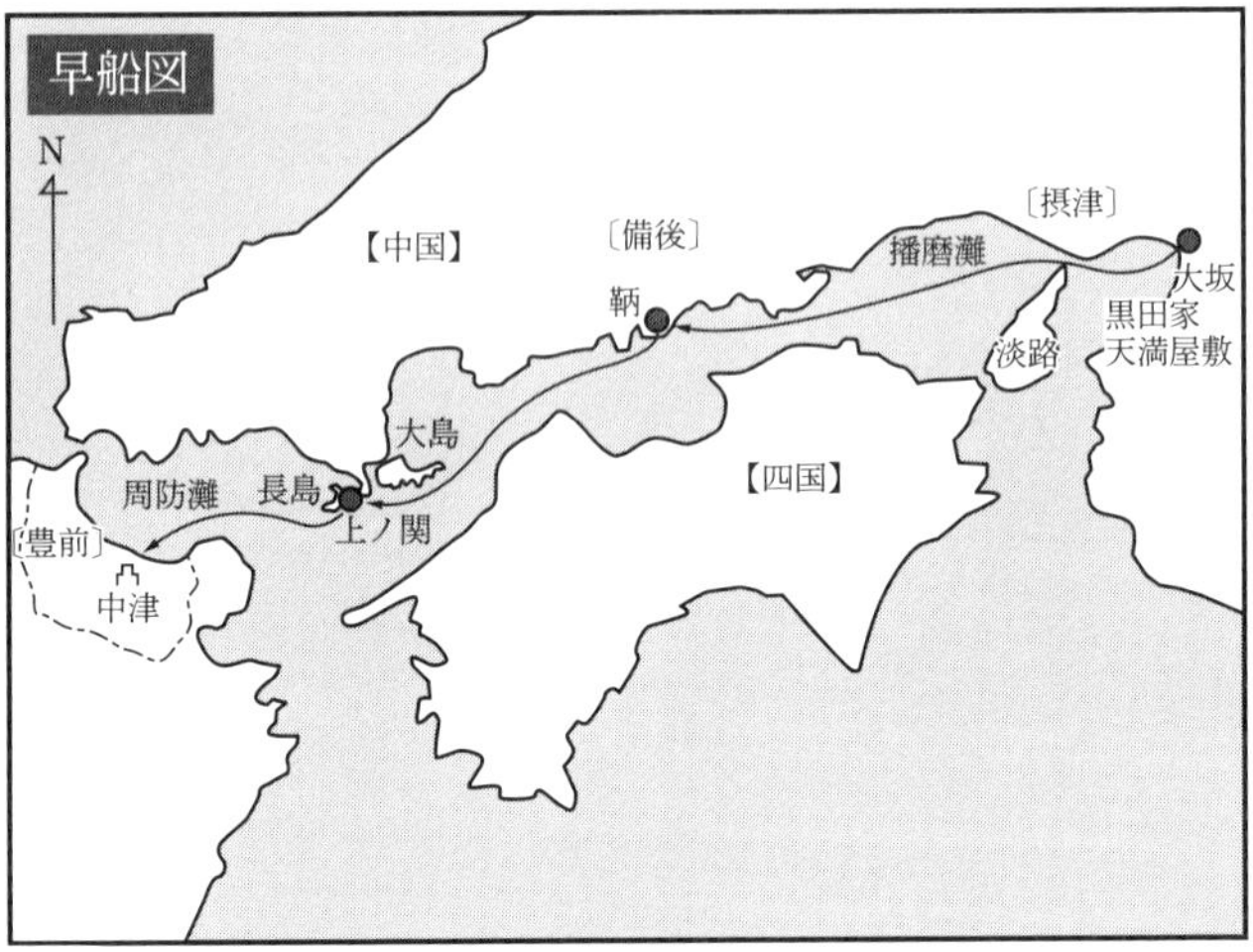


早船図

いか。この敵の中で今のうちから旗色《きしょく》を明らかにするのは危険であるし、三成と条件でやり取りしているうちに時間稼ぎができるではないか」

さらに官兵衛は早船《はやぶね》を大坂と備後《びんご》の鞆《とも》（広島県福山市鞆町鞆）と周防《すおう》の上関《かみのせき》（山口県上関町長島）の三カ所に置いて、大坂からの遣いが鞆まで来れば、そこでその船を大坂に帰し、鞆の船が上関まで、上関の船が中津まで、船継ぎで来るような体制を取った。上関から中津まで海上二八里。大坂から三日ほどで中津に船が到来するようになった。

このようなとき、大友義統《よしむね》が官兵衛を討つために豊後《ぶんご》に向かってくるとの情報を例の早船が持ってきた。

大友義統は、以前、豊後の国主《こくしゅ》だった。朝鮮の役（文禄の役）のときに明の大軍が押し寄せないうちに退却してしまった罪で、秀吉によって豊後を取りあげられ、今は毛利輝元のところで蟄居《ちっきょ》している。ところが三成によって「豊後を元に復してやるから豊前の黒田官兵衛を討て」ということで、攻め来るというのだ。

九月七日の朝、杵築《きつき》城の守将松井康之から官兵衛のところに応援依頼がきた。豊後杵築城は丹後国細川忠興《ただおき》の加増地（杵築六万石）である。いま細川忠興は長政とともに家康に従って関東にいる。その杵築城（大分県杵築市）に大友義統が迫ってきているのだ。

官兵衛は「浪人・脛《すね》かじりの者はじめ隠居などしている者・百姓・町人・職人によらず何者なりとも参戦せよ」と触れをまわすと、このことを九州ばかりではなく中国・四国でも聞き、応募する者が「我も我も」と集まってきた。武具を持っていない者もたくさんいたので、古道具屋よりそれを集めた。かつて侍をしていた者が多かった。思いもよらず戦乱の兆しで、改易・浪人になっていた者が侍家業に復する可能性がでてきたのである。

官兵衛は天守閣から金銀を取り出してきて広間に積んだ。それをまず家臣に、つぎに応募してきた浪人・百姓らに分け与えた。

「わしが日ごろ倹約しているのは、このようなときに使うために倹約をしているのじゃ。よってふんだんにあるので今はぞんぶんに使う」

そう言って、官兵衛は金を惜しむことなどしなかった。このように手広く兵を集めたので、九月九日、豊前を出発する頃には九千人ほどになった。官兵衛は古参・新参わけへだてなく言葉をかけ、やがて顔も名も覚えた。新参の者たちは感激した。

また、官兵衛は中津城を修復していたのを中途でやめさせた。九州は西軍の国主が多く、そのため黒田は籠城の可能性もある。だから重臣たちは修復の中断を不審がった。それに対して官兵衛はこう答えた。

「家康公が万一負けると、九州は西軍だらけだからどんなに中津城を修復しょうと、籠城しては守りきれない。いっぽう家康公が勝てば、われわれは何も籠城して守りにつく必要がないではないか。また家康公の手前、黒田が守り専一となればわれわれの面目がないではないか。いずれにしても討って出るしかないのだ」

そのうちに大坂を逃げてきた官兵衛・長政の妻たちが帰ってきた。二人の安着を祝って官兵衛は中津の町中ににぎやかな踊りを踊らせ、妻たちや家臣たちにそれを終日見物させた。官兵衛ものどやかに日を過ごした。

「殿様もこのようないくさ模様のときに、まったく悠長な」と、眉をひそめる家臣もいたが、官兵衛にしてみればこの催しは家臣の勇気を鼓舞する戦いの宵《よい》祭りみたいなものであった。

また、加藤清正の妻も命からがら大坂から逃げてきた。九州には東軍の領主は豊前の黒田・豊後の細川・肥後の加藤しかいなかったので、加藤清正の妻は中津に船を着けたのだ。官兵衛は着物と家臣を添え、彼女を肥後まで送りとどけてやった。

官兵衛は予定通り、九月九日、兵を発向した。大友家に旧家臣が参集しないうちに叩いてしまわなければならなかった。

中津の東端《はし》の小高い所で官兵衛は閲兵した。兵総数は本隊を入れて約九千人。うち隊は七番隊まで八千人。本隊千人。各隊長のおもだった者は、母里太兵衛・黒田兵庫助（官

兵衛実弟、小一郎・利高）・黒田図書助《ずしょのすけ》（異母弟、惣右衛門・直之）・栗山四郎右衛門・黒田五郎右衛門・井上九郎右衛門など八人である。

その九千人を前にして官兵衛は演説をした。三成の罪科・その無器量、家康の徳・その器量、大友の罪科・その実体、などを語り、まず大友をせん滅させ、そののちに九州を平定してしまうことを高らかに宣言し、最後に「義統を捕えた者はたとえ下人であろうと領地千石を与える」と呼びかけた。

## 豊後平定

翌十日の晩、大友義統は豊後速見郡浜脇（別府市浜脇）に上陸してきた。大友は昔から豊後の国主であるうえ、義統の父宗麟《そうりん》は豊前・筑前・築後・肥後・日向まで征服していたから、その旧恩を慕って集まってくる者が多い。その数は五、六千人になっていた。

「まず杵築《きつき》城を落してこれを本城にし、それから黒田の中津城へ攻め入る」と大友義統は決定した。大友勢にとっては勝手知ったる城や土地だから、一挙に杵築城を陥落させようと押し寄せてきた。

十日夜、官兵衛が赤根峠（大分県国見町赤根）という所にいたときに杵築城から援軍要請の早馬が来た。そこで官兵衛は杵築城に急ぐことにしたが、杵築城までには西軍の地の富来《とみく》城（大分県国東市国東町富来浦）とその三里南の安岐《あき》城（国東《くにさき》市《し》安岐《あき》町《まち》下原《しもばる》古城）を通過しなければならない。杵築城に急ぐのでなるべくこの二城はやり過ごしたかった。そこで隊を二隊に分け、とりあえず一隊三千名を先に杵築城に直行させた。

官兵衛の本隊は富来城はなんなくやり過ごしたが、安岐城は兵が城から出てむかってきたので小競り合いをして敵の大将以下首を四八個も取った。

官兵衛がこちらにむかっていることを知り、大友義統はどこで官兵衛を迎え撃てばよいか評議し、南立石（別府市南立石）という場所で迎え撃とうということになった。この南立石は後ろには険しい山があり、前はつづら折りの岩の細道である。杵築城より六里ほど西南にある。そこで大友本隊と杵築城を囲んでいた先陣は南立石に退いた。杵築城はかろうじて助かったのである。

大友軍の動きを察知して、官兵衛の本隊と先陣の一隊はそれぞれ南立石の手前の石垣《いしがき》原《ばる》（別府市吉弘）という所をめざした。杵築城中からは家老の松井康之以下二百人が官兵衛隊先陣に加わった。

石垣原は南立石より北へ半里の所である。原っぱの中に高さ二間（約三・五メートル）、または一丈（約三メートル）ほどの古い石垣が六、七町（約六、七百メートル）ほど横に続いているところだ。先陣の一隊と敵部隊が石垣原でぶつかった。敵の大将は吉弘統幸《よしひろむねゆき》である。吉弘統幸と西軍の将立花宗茂《たちばなむねしげ》とは父方のいとこ同士である。立花宗茂はこの頃、毛利軍とともに東軍の京極高次が守る大津城を攻めていた。このいとこは猛将で名を売っている。

黒田側の第一陣大将は時枝平大夫と母里与三兵衛である。時枝平大夫はもと豊前の小領主だったが、今は黒田の与力（加勢人）となっている。大友側の先陣大将は吉弘統幸みずからであった。時枝らは実相寺山《じっそうじやま》（別府市）と角殿山《かくどのやま》（実相寺山より西へ二百メートルほど）の間道（犬の馬場と称す）を抜けて、大友勢と石垣原で衝突し、そこに杵築勢の松井康之らも戦闘に加わった。しかし吉弘らはなかなか手ごわく、黒田側は北に退いた。このとき黒田側の死者八十人、大友側は十人だった。

第二陣の黒田側陣将は久野次左衛門と曽我部五右衛門。大友側五百人の第二陣将は宗《むな》像鎮統《かたしげつぐ》。この衝突で大友勢の吉弘統幸《よしひろむねゆき》は打ち破られたと見せかけて立石本陣近くまで退き、追ってきた久野次左衛門（十九歳）は縦横無尽な働きをしたが、隠れていた宗像鎮統の攻撃と統幸の反撃により討ち死にしてしまった。久野次左衛門の父は文禄の役（朝鮮役）で死んでいる。久野次左衛門が若過ぎたのでそれを後見するために官兵衛よりつけられた曽我部五右衛門（三八歳）も久野次左衛門を見捨てるわけにはいかず、深く攻め入り、同様に討ち取られてしまった。

黒田側の第三陣の陣将は井上九郎右衛門（之房《これふさ》、四七歳）・野村市右衛門（祐直《すけなお》、十九歳）など。市右衛門の伯父は母里太兵衛である。

彼らは角殿山《かくどのやま》に陣取っていた。そこから見ていると先陣・二陣が破れ、危機的な状態にあることがわかった。井上らは敵がひと息ついている所をめがけて攻め入った。まさに背水の陣である。敵は二千人にふくれあがっていた。両者はガップリ四つに組んで離れない。突き崩されて、ざっと引いて、また攻めかかる。両者はそれを何度もくり返した。

大友の大将吉弘統幸は有名なつわものだ。背が大きく、大力だ。ここでも阿修羅《あしゅら》のような働きをしている。その吉弘統幸が井上九郎右衛門を見つけた。

「井上殿か、めずらしいところで遇った。吉弘統幸でござる。いざ尋常《じんじょう》にお立ち会い下され」

井上九郎右衛門は吉弘統幸を見て、よい敵にめぐり会った、と十文字の槍でむかった。二人は三間（約五・五メートル）ほどの堀の両側に立って槍を構えた。大友が朝鮮の役での失策で改易になったときに大友の家臣吉弘統幸は浪人になってしまい、一時、官兵衛の世話で井上九郎右衛門の家にやっかいになっていたことがある。そのような間柄であるから、この戦場でも二人は少しの間あいさつを交わし、それから「いざ華やかに戦わん」と掛け声をかけ、一心不乱に戦った。井上九郎右衛門も名に聞こえた武将だが、吉弘統幸はそれに劣らない。両者の槍はお互いの体を突いたが、みな武具の上で、致命的ではない。しかし井上九郎右衛門は吉弘統幸の脇の下に武具の隙間《すきま》を見た。井上はそこを狙って突いた。槍の穂先は吉弘の体の中に突き刺さっていった。

実は吉弘はもう傷だらけになっていたし、二三人もの敵を殺しクタクタになっていた。死ぬつもりでこの戦場に入ってきたので、大友義統が「いったん引いて休めよ」と言ってきたときにも、それをしなかった。

吉弘統幸はお家再興を狙って大友義統の子大友義乗《よしのり》を徳川方につけ、今度は父親を説得しようと蟄居さきの和泉国の堺に行き再三説得したが、大友義統は同意しない。仕方がなく義統と別れて大坂に入ったが、よくよく考えてみると、これから滅びゆく主君を捨て、将来のある息子のほうに行くのは不義ではないかと思い直したのだ。

「わが運命も尽きたり。されば義統の供《とも》して豊後に下り、その地の土とならん」

本陣からこの石垣原に打って出るときに吉弘統幸は大友義統に涙ながらに最後の別れを告げてきた。「一生の御対面はただ今ばかりとおぼしめし下され」と。だから吉弘統幸はここで井上九郎右衛門に討ち取られてしまうのは本望だったのだ。

後の話になるが、この地に吉弘統幸の墓が立ったのであるが、そこを通る心ある武士はかならず馬から降りて礼をしたものだ。

大将吉弘統幸が討ち取られたので、大友の兵はいっきに逃亡してしまった。大友義統は南立石の要害に逃げこんでしまった。戦いの結果は、大友側の死者約五百人、うち大将吉弘統幸も宗像鎮統《むなかたしげつぐ》も死んだ。黒田側の死者約百四十名。熾烈《しれつ》な戦いであった。

官兵衛は石垣原の二里ほど手前で早飛脚から戦場の結果を聞いた。戦勝を聞いて喜び、久野次左衛門・曽我部五右衛門らほか、幹部の死を聞いて悲しんだ。

十四日、官兵衛が実相山に着いて首実験をすると、五百余の首が官兵衛の前に並んだ。官兵衛は即、功労者に感状をとらせ相応に知行を与えた。兵はますます勇み立った。

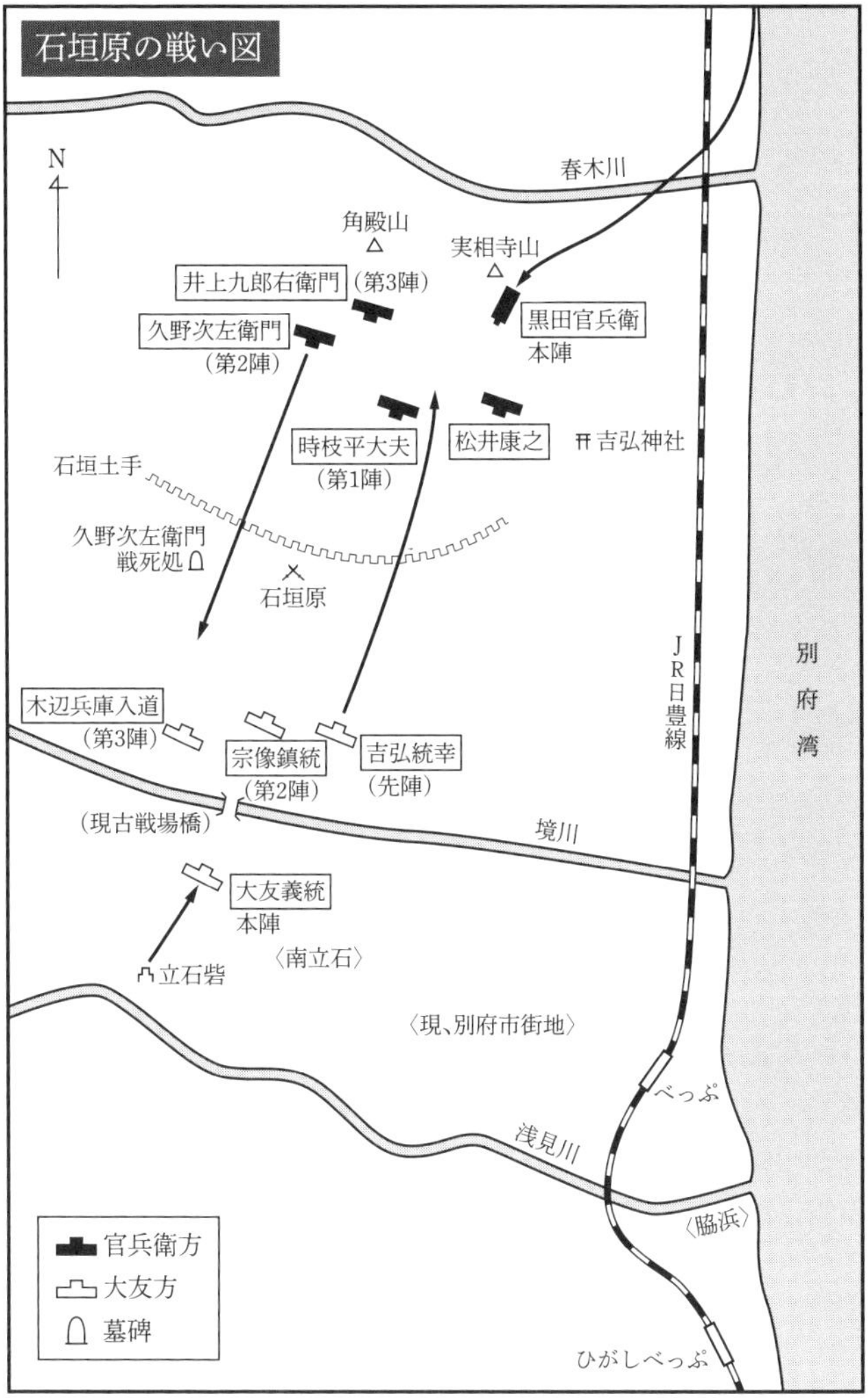
石垣原の戦い図
N
春木川
角殿山
実相寺山
井上九郎右衛門
(第3陣)
黒田官兵衛
本陣
久野次左衛門
(第2陣)
時枝平大夫
(第1陣)
松井康之
吉弘神社
石垣土手
久野次左衛門
戦死処
石垣原
JR日豊線
別府湾
木辺兵庫入道
(第3陣)
宗像鎮統
(第2陣)
吉弘統幸
(先陣)
(現古戦場橋)
境川
大友義統
本陣
立石砦
〈南立石〉
〈現、別府市街地〉
べっぷ
浅見川
〈脇浜〉
ひがしべっぷ
官兵衛方
大友方
墓碑

大友義統の兵は八百人ほどになってしまった。前日の敗戦を見てほとんどの者が逃げてしまったのである。官兵衛の家臣たちはそれを見てすぐにでも攻め入ろうとしたが、官兵衛はそれを止《と》めた。相手を滅ぼすことはたやすいことだが、それをしては味方の損耗もいくらかは出る。それより戦わずして相手を降参させることが一番の上策なのだ。官兵衛は使いの者を南立石に派遣した。「降参せよ、さもなくば一人残さず討ち取る」と伝言したのである。

するとと十五日朝早く、大友義統は剃髪して法体となり、従卒十人ほど伴い降伏してきた。官兵衛は敵兵をぜんぶ解放してやった。大友義統は中津城まで連れて行き、座敷に閉じこめた。関ヶ原の戦いが終わって官兵衛が上京したおりに大友義統を大坂まで連れ、家康にそのことを報告した。その結果大友義統は常陸《ひたち》の国に流された。家康は大友の息子の義乗《よしのり》が東軍についたので、義乗にふるさとの国豊後を与えようと思っていたが、それは父親の所業と相殺になり、また義乗短命のこともあって、ここに大友家は滅びてしまったのである。

さて、大友軍を破った後、官兵衛は翌日の九月十六日から進撃を再開し、元の道を戻った。十七日から城主熊谷直盛《くまがいなおもり》の安岐《あき》城を包囲した。熊谷直盛は石田三成の妹婿なので、今は関ヶ原に従軍していた。この熊谷直盛・垣見一直《かきみかずなお》・福原長尭《ふくはらながたか》は三成と縁が深く、慶長の役（朝鮮役）では軍目付として長政・加藤清正・蜂須賀家政・小早川秀秋などを中傷したため、恨みを買っていた。

名将官兵衛に包囲されて城の中では城を守るべきか、明け渡すべきかで意見が割れていた。どちらにしても城主熊谷直盛の叔父の城代熊谷外記《くまがいげき》の死は免れないからである。そこで敵将官兵衛に会ってみようということになり、使いの者が官兵衛に会うと、官兵衛は「城を開ければ熊谷外記の命は助ける」と明言したので、城中歓喜して城を明け渡すこととなった。降参してからは城のかなりの者が官兵衛の隊に加わった。城主熊谷直盛は奇しくも同じ日の九月十六日、西軍が守る大垣城で裏切りに遭って殺されていた。

二三日より城主垣見一直の兄垣見利右衛門が守る富来《とみく》城を攻め、十月二日に富来城を開城させ、ここでも城兵に自由を与えて官兵衛軍に加えた。

この城主垣見一直も熊谷直盛とともに大垣城で殺された。実はこの城主垣見一直が殺されたという情報を告げにきた者を官兵衛の家臣が捕えた。さっそくこの者を富来城に遣わすと、城中の家臣は戦う気力を失い、開城したのだった。

その頃、立石の南、臼杵《うすき》（大分県臼杵）は豊後岡（大分県竹田市）の城主中川秀成《ひでしげ》（賤ヶ岳の戦いで死亡した中川清秀の嫡男）が攻めていた。臼杵城主太田一吉《おおたかずよし》は息子一成を西軍に参加させ、自分は病と称して城にたてこもっていた。そこに岡城主中川秀成が攻めてきた。中川秀成は西軍についていたのだが、関ヶ原で東軍が勝ったとの情報を得るや家康の印象をよくするために西軍の臼杵を攻めてきたのだった。太田一吉はもともと中川秀成に遺恨があったうえに、そのような中川に降参するのは腹立たしいので籠城して抵抗していた。

太田一吉は富来城を攻撃していた官兵衛に使いを出した。「黒田官兵衛殿がこの城に来られれば城を明け渡します」と。そのとき官兵衛は富来城攻撃の真最中だったので弟の黒田兵庫助を遣ると、太田一吉は即座に城を明け渡した。

またその間、日田郡隈《くま》城（大分県日田市亀山町）と玖珠《くす》郡角牟礼《つのむれ》城（大分県玖珠町）を開城させた。この両城は西軍毛利高政《たかまさ》の城である。富来から遠かったので官兵衛は家老の栗山四郎右衛門を遣った。両城とも兵が籠っていて抵抗したが、栗山四郎右衛門が脅すと簡単に開城した。

さて、富来城を落城させると官兵衛は来た道を戻り、中津に着いた。家臣たちはこれでひと休みできると思ったが、なんと、官兵衛は中津の城を通り過ぎ、中津川上流一里ほどの所にある広津山に陣を取り、そこで野陣を組んだのだ。官兵衛は戦いにおいてけっして手を抜くことはしないのである。家臣はあきれながらも敬服した。

その足で十月五日には西軍小倉藩主毛利吉成《よしなり》（勝信）の家臣毛利定房《さだふさ》が守る小倉城の端城香春岳《かわらだけ》城（福岡県香春町）を開城し、そこから海をめざして北上し、本城の小倉城も攻略した。小倉藩主毛利吉成は髪を剃って下城し、上方をさして落ちていった。

今や官兵衛の軍は敵兵をも呑み込んで拡大し、一万三千人ほどにふくれあがっていた。

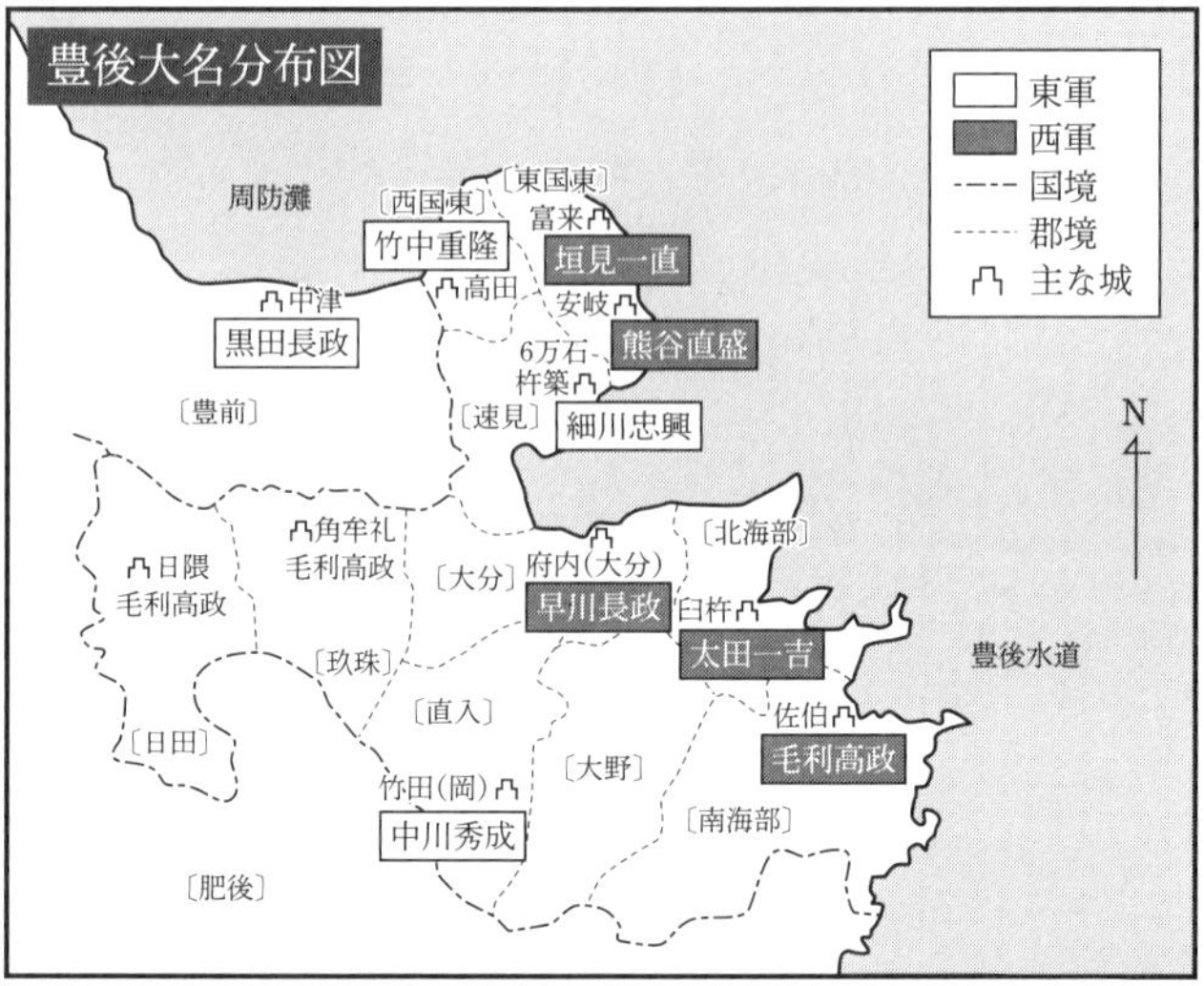
豊後大名分布図
東軍
西軍
国境
郡境
主な城
周防灘
〔西国東〕
〔東国東〕
富来
竹中重隆
垣見一直
中津
高田
安岐
黒田長政
熊谷直盛
6万石
杵築
〔豊前〕
〔速見〕
細川忠興
N
〔北海部〕
角牟礼
毛利高政
日隈
毛利高政
府内(大分)
〔大分〕
早川長政
臼杵
太田一吉
豊後水道
〔玖珠〕
〔直入〕
佐伯
〔日田〕
〔大野〕
毛利高政
竹田(岡)
〔南海部〕
中川秀成
〔肥後〕

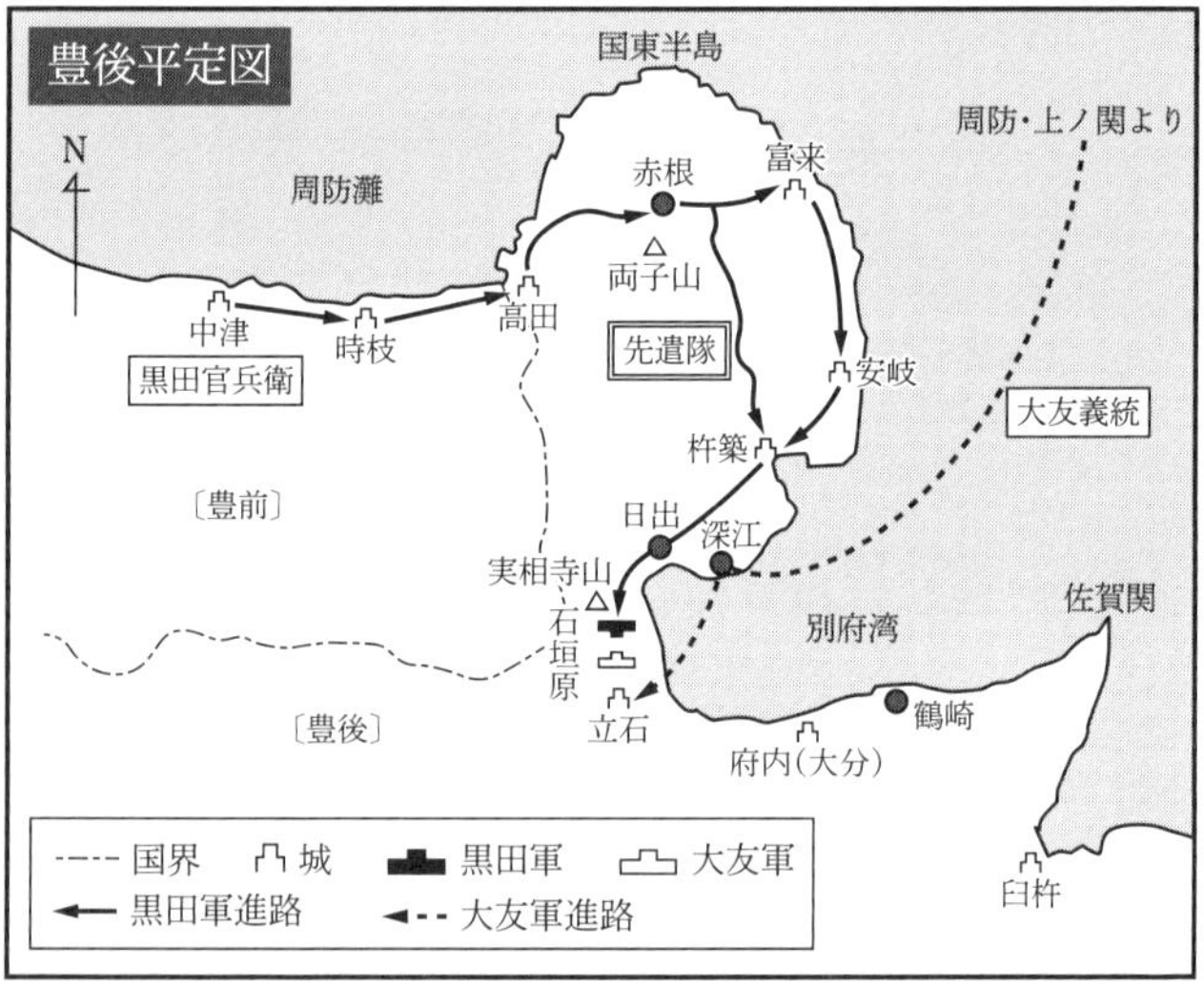
豊後平定図
国東半島
周防・上ノ関より
N
周防灘
赤根
富来
両子山
中津
時枝
高田
先遣隊
黒田官兵衛
安岐
大友義統
杵築
〔豊前〕
日出
深江
実相寺山
佐賀関
石
垣
原
別府湾
立石
鶴崎
〔豊後〕
府内(大分)
国界
城
黒田軍
大友軍
黒田軍進路
大友軍進路
臼杵

そんなとき、息子の長政より使者が来た。使者いわく、
「このたびの天下分け目の合戦、家康公が勝利を得られました。石田三成はこの一戦に負け、伊吹山中の百姓家で生け捕りになり、大谷吉継《おおたによしつぐ》は戦場で自害しました。小西行長と安国寺恵瓊《あんこくじえけい》も生け捕りになり、三成とともに京都三条河原にて首を刎《は》ねられ獄門となりました。

毛利輝元殿と小早川秀秋殿は長政さま御計略をもって裏切られたのでお国御安堵でございます。長政さまは関ヶ原はもちろんのこと、あちこちでお手柄をあげ、家康公の思召しはいかばかりかと存じます。このようなことでございますから、天下静謐《せいひつ》になりましたので、如水さまの戦いは一段落としていただきたく存じます」

使者の口上は文書にても同様に遣わされていた。官兵衛はこれを見てひどく腹を立てた。

「さて、さて、長政、若輩とはいえあまりにも知恵がないわい。天下分け目の合戦はこんなものではないぞ。もっと長引かせ、浪人たちにも口過ぎをさせねばならぬものを、このようでは浪人たちは戦争が終われば餓死してしまう。なんと、まあ、ものを知らな

い日本一の馬鹿ものは長政なり。忠義面《づら》をして、あれを調略（計略）、これを裏切りさせて、それほどらくらくと家康を勝たせて何の益があるのか。まったく面白くない」

官兵衛は長政に八つ当たりをしたのだ。官兵衛は三重の意味でひどく落胆した。

ひとつは連勝につぐ連勝で、すっかり気分をよくしていたのにそれを中止せざるをえなくなったこと。つぎに浪人たちと約束した雇用と恩賞を中途でやめざるをえなくなったこと。そして最後に─これが一番の理由なのだが─九州・中国を平定して大軍を率いて上洛することができなくなったこと。

関ヶ原の西軍と東軍が接戦で消耗したとき、官兵衛が九州と中国の兵を率いて大軍で上洛したならば、どのような事態が発生するのか。そのとき、長政がどのような役回りを演ずるのか。これはそのときになってみなければわからない。ただ、ひとつ言えることは、そのような事態になればなるほど官兵衛は自分の能力に自信が持てるということである。それを考えただけでもこの毎日がゾクゾクしていたのに、今、それを諦めなければならないとは。官兵衛の人生の中でも最大の落胆だった。

しかし、家康から正式に停戦命令が来たわけでもない。それまではまだ戦争状態である。九州各地で東軍側と西軍側との小競り合いが続いている。いま早とちりして手を抜くのは戦場の将たるもののやることではない。それに、できるだけ領地を確保して家康に恩を売らなければならない。

そのように気を取り直し、官兵衛は兵を進めた。

## 築後平定

小倉を落城させると、今度は筑前を通り過ぎ、築後に入った。

久留米城は毛利秀包《ひでかね》（小早川秀包、毛利元就の九男）の城である。毛利輝元の叔父であるのでこれも西軍に属して関ヶ原に出兵していた。

この毛利秀包は出征のとき「もし西軍が負けたら近国の東軍国主が攻めてくるだろう。そのときには最後まで戦え。ただし黒田如水殿が攻めてきたなら城を早々と明け渡せ。如水殿は年来の友人であるし、けっして悪いようにはせぬだろうから」と言い残して行った。

最初に攻めてきたのは佐賀の鍋島で、城中の者は死を覚悟していたが、そのうちに官兵衛の軍がやってきたのでみな安堵してよろこび、城を明け渡した。その毛利秀包は関ヶ原の戦いののち伏見で病となり、長州下関まで下ってきたところで亡くなった。

官兵衛は肥後佐賀の城主鍋島直茂《なべしまなおしげ》にこう言った。

「関ヶ原の合戦は西軍の敗北と聞く。ご子息勝茂《かつしげ》殿も石田三成に与《くみ》し、家康公の敵となったので、それがしも貴家の安否を心配しております。それがしはすでに豊前・豊後を征服しました。これから肥後を通過して薩摩まで進軍し、九州を平定し、家康公に忠義だてしようと存じます。しからば貴殿も拙者どもに加わり忠義を示せば、それがしが家康公との間を旨くとりなし致しますのでご一緒しませぬか」

鍋島直茂は大いに喜んでこれに同意した。それより少し前、西軍についた立花宗茂《たちばなむねしげ》は上方より逃れ下り、柳川城《やながわ》（福岡県柳川市本城町）に籠っていた。鍋島直茂が二万の大軍を率いて押し寄せるのを立花の連中が柳川の北、八の院というところで迎え撃った。両者激しい攻防をして、双方被害甚大であった。しかし柳川勢は兵少なく、いかに猛将立花宗茂の兵といえども形勢不利になってきた。八の院の戦いで柳川城の中は負傷者で溢れていた。

その柳川城は要害堅固の上、周りは堀や田で囲われ、橋を撤去されれば攻めようがなかったので、鍋島直茂は急がずじょじょに攻め入っていた。そんなところに鍋島応援の官兵衛が着陣したのだ。

「柳川の堀を埋めるのに手間をかけてはよろしくない。われわれも手助けしよう」と官兵衛。官兵衛は家康よりいつ戦いにストップがかかるかわからないので急いでいたのだ。

「どうも長期戦になるようなので兵を損耗しないように着実に攻めているのですが、如水殿の言われるようにしたいと存じます」と鍋島直茂。

そこで官兵衛は立花陣に開城をするよう申しかけた。すると立花宗茂は「だいじな兵をだいぶ失った。また、傷ついた兵が足元にゴロゴロしている。これ以上兵を失いたくない。いかようにもお計らいください」と返事をしてきたので、戦いはここに終わりを告げた。

さて、西軍小西行長の居城宇土城《うと》（熊本県宇土市）を加藤清正が攻め、調略を以って降参させ、清正は兵を引き連れ官兵衛のところにやってきた。ちなみに加藤清正は関ヶ原の合戦に参加していず、官兵衛とともに九州の東軍制覇を遂行していた。

そこで官兵衛と清正と鍋島の三者は薩摩攻撃の作戦を練り、ただちに薩摩口にむかった。立花宗茂は官兵衛の提案にしたがって隊の先陣を担《にな》った。

九月九日に中津を出たときには兵九千人で、その後、熊谷外記《くまがいげき》（安岐城）・垣見利右衛門（富来城《とみき》）・太田一吉《おおたかずよし》（臼杵城）・毛利吉成《よしなり》（小倉城）を味方につけ、そのほか筑前・築後の浪人がわれもわれもと馳《は》せ加わり、加藤清正や鍋島直茂を従え、官兵衛はご機嫌だった。秀吉が九州平定したときの気分をはじめて実感した。

肥後・薩摩の境、佐敷《さしき》（熊本県芦北町）・水俣《みなまた》まで兵を進めたときのことだった。薩摩より使いの者が来た。それには「このたび罪を悔い、家康公のお赦《ゆる》しを願っていて、今、家康公の御返事をお待ちしているところなので攻撃するのはご猶予願いたい」とのことだった。

そこで官兵衛たちは家康の指示を待とうということになった。そうこうしているうちに家康から「薩摩を攻撃することはとりあえず年内は止めにしていただきたい」との文書が来たので、官兵衛は兵を引き上げることにした。

官兵衛は計画を中途で終わらすことは残念だった。官兵衛には島津を陥落させる自信があった。

まず鍋島直茂は家康の手前、息子勝茂が西側についた非をつぐなうために島津を猛攻するだろう。また息子勝茂は若いのでかならず先鋒を勤めるだろう。この肥前鍋島は大国とはいいながらもいくさは下手で、過去に島津に攻略されている。だからこの先陣の戦いも島津有利に運ぶだろうが、次に加藤清正をつぎこめば油断している島津を攻略することは難しくない。そのあとに官兵衛が兵を正装させて悠々と乗りこんでいく、という段取りだった。

しかし仕方のないことだった。すべてカタがついてしまったことだ。あまりにもあっけなかった。ただ、官兵衛はこの文書の奥に家康の本心を見た。官兵衛の今回の動きをいちばん嗅ぎ取っていたのは家康かもしれない。何かきなくさい臭いを。

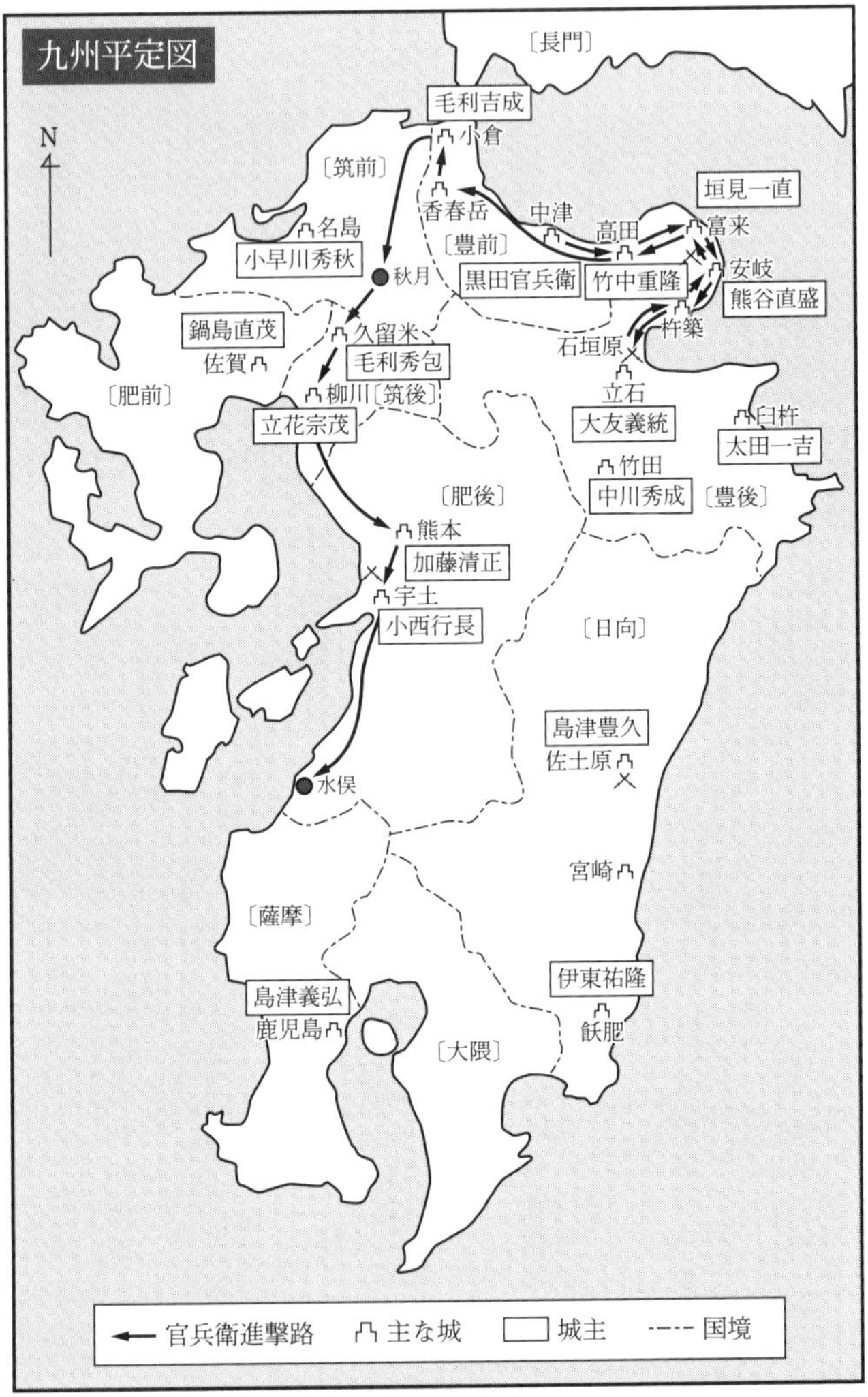
九州平定図
N
〔長門〕
毛利吉成
小倉
〔筑前〕
香春岳
中津
垣見一直
富来
名島
高田
小早川秀秋
〔豊前〕
安岐
秋月
黒田官兵衛
竹中重隆
熊谷直盛
鍋島直茂
久留米
杵築
石垣原
佐賀
毛利秀包
〔肥前〕
柳川
〔筑後〕
立石
臼杵
立花宗茂
大友義統
太田一吉
竹田
〔肥後〕
中川秀成
〔豊後〕
熊本
加藤清正
宇土
小西行長
〔日向〕
島津豊久
佐土原
水俣
宮崎
〔薩摩〕
伊東祐隆
島津義弘
飫肥
鹿児島
〔大隅〕
官兵衛進撃路
主な城
城主
国境

## 【官兵衛逸話】

長政が中津に凱旋して官兵衛に得意げに報告した。

「関ヶ原において不肖長政みずから陣頭に立って奮戦し、三成はじめ大坂方の軍勢を撃破し、関東方の勝利に貢献しました。内府（家康）の感激はひとおりではなく、子々孫々に至るまで特別の恩典を与えるといって、私の手を取って三度も押し戴かれました」

これを官兵衛は冷ややかに聞いて、

「家康公が押し戴いた手はそちの左の手か、右の手か？」

「右の手でございます」

長政はおかしなことを聞くものだ、と思いながらもそう答えた。

「そのときそちの左の手は何をしていたのじゃ」

長政はもちろん返答はできなかった。官兵衛もそれ以上なにも言わなかった。

人間の関係の厳しさを官兵衛は長政に教えたかったのだ。

あるとき、官兵衛は長政に語った。

「家康公が関ヶ原の合戦にもし負けたなら、天下は乱世となったことだろう。そうなればわしは先に九州を平定し、その勢いで中国も平定し、上方に攻めのぼり、家康公・秀忠公を助け、叛徒をほろぼし、天下統一の一助となるつもりだった。しかし家康公が関ヶ原で勝ってしまったので、わしの出番はなくなってしまった。あとは余生を楽しむだけである」

筑前の西隣の肥前鍋島は関ヶ原の戦いのときには父の鍋島直茂が東軍で、息子の勝茂《かつしげ》が西軍だった。戦いが終わってから勝茂は長政の仲介で家康に謝罪した。父の直茂は官兵衛の斡旋で西軍についた立花宗茂や島津藩の征伐に出陣した。その甲斐あって鍋島は三五万石が安堵された。鍋島が今日あるのは黒田のおかげと勝茂は感謝し、鍋島と黒田はそれからしばらくよい関係が続いた。

そんなある日、官兵衛は鍋島勝茂に言った。

「それがしは人の家の興亡に関係する大事な物を持っておるのじゃ」

「ほう、それはいかなる物でございますか」

「高く買ってくれる方がおれば売ろうと思っているのだが、お望みならその物をお見せしようか」

「ええ、ぜひとも見せてください」

勝茂がそう言うので、官兵衛はその物を勝茂に見せた。それを見て勝茂の顔色が変わった。勝茂が石田三成に出した密書だったのだ。

「いやはや、これが如水さまの手にあったのは幸いです。いくらでもよろしいですからそれがしに売ってくだされ」

「それでは百両にてお渡し致そう」

官兵衛はニヤリと笑いながら言った。

「百両でも千両でもけっこうでございます。とにかくそれがしに下され」

そう言って、けっきょく百両で勝茂はその書状を手にして帰っていった。

あとになって家臣が言った。

「あの密書はもう少し高く売れたのに、ずいぶん早まったことをされましたね」

すると官兵衛が言った。

「このようなことはそちのような無智の者が理解できることではないのじゃ。使いの者を捕えて密書を奪い取るなどということは人間のやることではないが、食うか食われるかの戦いの場面だから仕方がなしにやったのじゃ。その敵がいま味方となって親しくつきあっている中で、相手の家の浮沈にかかわるような物を持っていることはとんでもない不仁なことである。といってそれを簡単に相手に返してしまったら家康公に対してこれまた不仁なことになってしまう。だから金で売ってしまったのじゃ。取引であれば少しは罪が軽くなるじゃろ。金などいらぬわ。ただ、物には色調子ということがあってな。百両といえばちょうどよい。鍋島もさぞ喜んでいるじゃろ。孫の代まで恩に思うだろうて」

そう言って官兵衛はニヤリと笑ったのである。

## 長政、築前国主となる

慶長六年（一六〇一）官兵衛五六歳

長政はこのたびのいくさの貢献度がすばらしいものであったから「伊予か筑前か、両国のうち望みしだい申せ」と家康が言ったので、長政は筑前を希望した。伊予は京に近く、権力への未練もあったが、とうぶん戦いがあるとは思えなかった。そうであるなら筑前のほうがよい。筑前は伊予よりも土地が展《ひら》けている。

筑前の国五二万五千石をとらす、と飛脚をもって家康の書状が到来したときには官兵衛は喜んだ。筑前の国五二万五千石はかつて小早川隆景の所領だった。それを継いだ小早川秀秋は旧宇喜多秀家領の岡山藩五五万石に加増・移封された。官兵衛は小早川家、とくに隆景との因縁を思わずにはいられなかった。

しかし九州を平定した官兵衛自身には何の恩賞もなかった。以前に家康は長政とは別に官兵衛自身に豊前一国をあげよう、と井伊直政を通じて言ってきたのに。官兵衛も九州の地は切り取り次第（占領した地を自領とする）との期待もあった。

そのことが気になったのか、井伊直政がその一件を家康に問うと、

「如水の働きは底心が知れぬから、長政のみの恩賞でよいのだ。まあ、後日の沙汰を待て」

そのひと言で官兵衛への恩賞は沙汰やみになってしまった。家康の空手形に終わってしまったのだ。家康は官兵衛の心の動きを読んでいた。そして官兵衛に恩賞を多くやることの危険も頭に入れていたのだ。

博多は大きな町だった。南蛮貿易で栄え、大坂以南では最大の商業都市であった。戸数は一万戸を越えていた。しかし秀吉の九州役のとき、龍造寺《りゅうぞうじ》隆信《たかのぶ》や島津義久の軍が博多を焼き払い、住民たちも近隣の都市に逃げてしまい、官兵衛はその住民を呼び戻す役を秀吉から仰せつかった懐かしい町でもあった。

このたびの戦勝の御祝儀を述べるために官兵衛は上京し、慶長五年（一六〇〇）十二月晦日、大坂城で家康にお目見した。この対面は、いかに家康が官兵衛を歓待するか、いかに官兵衛が家康に応対するか、世人注目の面談だった。

家康が上座に座るや否や、官兵衛を近くに寄せ、九州の戦況を聞いてきた。官兵衛はそれを細やかに説明した。すると家康は、九州での功労を称《たた》え、「上方において別に恩賞の地を与えるので望みの地を申すがよい」とまで言ってくれた。そのうえ官兵衛に官位を勧め、天下の軍政の相談役になってほしいと世辞を言った。

官兵衛は畏《かしこ》まって礼を言い、老齢・病気がちなので今は何も欲しいものがないこと、長政の筑前領で充分なこと、長政の養育だけで余生を送りたいこと、等々を申し述べた。家康は官兵衛のその言葉にあいづちを打ち、それ以上強《し》いることはしなかった。

すべてが終わってしまった。官兵衛はそれ以上自分の欲や野望を言いだす愚を承知して、押し殺してしまった。家康は官兵衛のその心境を了として、それ以上のことは口をつぐんでしまったのだ。

官兵衛が九州を平定した真意は、領地をほしいがためばかりではなかった。だから家康から官兵衛自身に領地を与えられなくともそれほどの怒りはなかった。それは半ば予期したことであったから。それよりも、自分がたしなむ博打《ばくち》―官兵衛は博打が上手なのを自慢していた―それも大博打を成就できなかったことのほうが残念だった。しかしそれはもう終わったことだった。

「いまの世において古人のふるまいをなさるとはさすがなお人だ」と家康はお世辞を言った。古武士のような人だ、というわけだ。欲しいのは領地よりももっと別なものだった。


官兵衛が京都の別荘、一条猪熊《いのくま》の邸（上京区一条通猪熊西入如水町）に宿泊していると、家康の次男結城秀康《ゆうきひでやす》がよく訪れた。そのほか家康の旗本・近習・外様・浪人たちも門前市をなすがごとくに訪れた。ある日、山名禅高《やまなぜんこう》がおとずれて官兵衛に言った。

「諸大名がよく来て、しかも人により夜明けまで話し込み、何かいわくありげな浪人たちまでも来る。ことに結城さまは三日にあげず来られる。このようなことは家康さまはお気にいらないのではござりませぬか。家康さまはあれでなかなかの方ですからおそらく密偵も入れているのではござらぬか。『官兵衛は油断のならぬ男』と。長政殿はとくべつ家康さまに信用があります。しかしあなたのやり方は長政殿のためになりませぬ。もっと目立たぬようにして京におられたほうがいいのではござらぬか。

真偽のほどは知りませぬがあなたがこの周辺の百姓家に浪人を待機させていると噂がもっぱらですよ。くれぐれも用心してください」

するとと官兵衛は、

「よく聞け。いま家康公の天下を奪おうなどと考えるのであれば、筑紫にて数カ国を討ち取りながらも、島津を残すなどということはしなかったぞ。島津を倒すか仲間に入れるかして、兵を連ねて中国・備前・播磨に攻め入ったぞ。その頃は二万余の兵を動員していたからな。家康公と出会いがしらに合戦をしていたかもしれぬ。

しかし、わしはもう老体であるし、何の野心もないからすべてを捨ててこうして上洛したではないか。ことに長政は大国の主になったのだから、あとは後々まで安泰であることを願うのみじゃ。だからわしに対して何の用心があると言うのじゃ。そんな臆病者の噂を本気にするな。ちょっと考えてみればわかることではないか」

と、扇子で畳を叩き、そこから塵も立ちのぼるかのような勢いで言った。官兵衛もついつい感情を露わにしてしまった。黒田父子の格別の功労に較べて恩賞が少なかったこと。そして世間もそう見ていて、だからこそ官兵衛の動向に注目をしていること。こんなことがいま官兵衛の頭をよぎったのである。

山名はその剣幕に驚いたが、逆にさすが官兵衛だと思った。

山名禅高は秀吉のお伽衆であったし、いまは家康のそれのようなものだったから、家康の意を汲んでやってきたのである。そんなことは官兵衛も知っていたのだ。だから言を強めて官兵衛は家康に言ったのである。気の小さなことを言うな、と。

京・大坂の浪人法度《はっと》（禁止令）が敷かれたのはそのすぐ後のことだった。

筑前に移転したときの拠点、名島城《なじま》（福岡市東区名島）は三方海に囲われて要害としてはよい城だが、あまり偏地にあるので城下は狭く、これからの平和の時代にはそぐわない城だった。そこで官兵衛と長政は新しく城をつくることにして、その土地を探した。あちこち歩いた結果、名島より二里ほど南西の福崎《ふくさき》という場所がこの父子の望みに適ったのでそこに城をつくり、その城名を福岡《ふくおか》と称した。先祖が備前邑久《おく》郡福岡の出だったので、その名を大切にしたのだ。

城は七年後に完成し、官兵衛はその最終の姿を見ないで死んだ。内堀の総延長は約

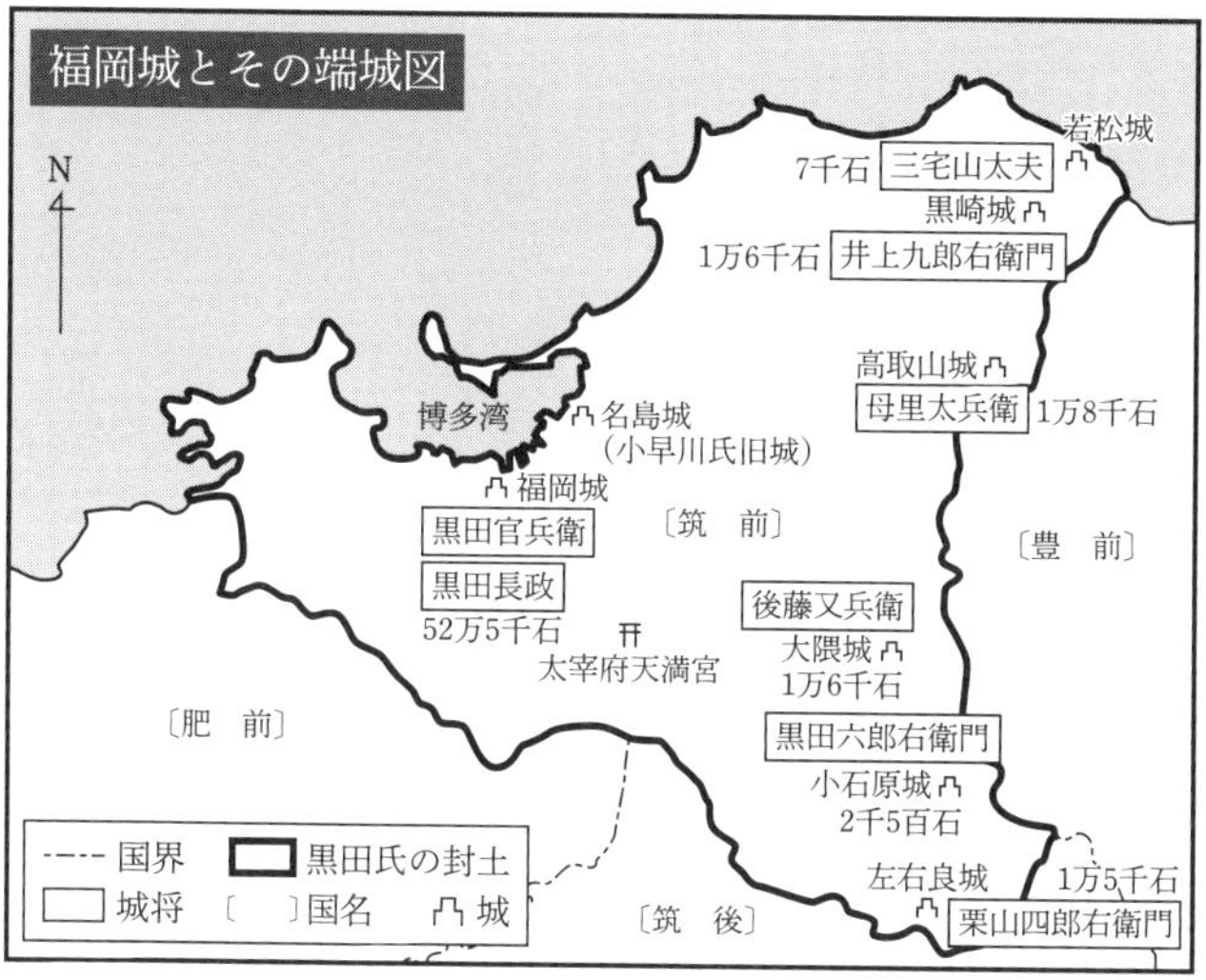


五千メートルで、すべて石垣をめぐらしたため「石城」と言われた。天守閣は築かなかった。それが無用の長物であることを官兵衛が身をもって知っていたからであった。

この福岡城を本城にして国中に端城を六カ所作り、それぞれを城主とした。

# 第八章　晩年そして死

## 晩年

福岡城の建設が始まると官兵衛の居住は名島城から神屋宗湛《かみやそうたん》の屋敷、そして大宰府天満宮の東の仮寓へと移った。神屋宗湛は官兵衛の連歌仲間でもある。

慶長六年（一六〇一）の冬、その仮寓に長政が訪れた。ちょうどいい所に来てくれた、と言って、官兵衛は押し入れから二つの櫃《ひつ》と一個の箱を取り出した。そこには秀吉はじめあちこちの大名から届いた手紙や文書がびっしりと入っていた。

「これは皆わしの若い頃の苦労の産物じゃ。子孫に見せようと思って取っておいたのじゃが、いまこれを見ても役に立たぬかもしれぬ。そちは文書をこれほど保存しておらぬじゃろ。文書の量からすれば、国を興し、大きくしたのはわしの力であるように見え、そちの功積をないがしろにするようにも思える。これはまずい。国をここまでにしたのはわしも苦労はしたが、そちも苦労した。

しかしわしらが何ほど優れていたとしても、また何ほど運がよかったとしても、家来が悪ければ今の黒田はない。そうであれば家来の武勇忠義を知っておく必要があると思い、家来に対する感謝状や知行目録なども全部しまっておいた。しかし今このように大大名になってしまえばこんなものは役に立たぬかも知れぬ。焼いてしまってくれぬだろうか」と官兵衛は言った。

それを聞いて長政は、それはもったいない、と言って、その文書を元の所に大事に納めたのである。官兵衛は長政のその処置に感謝した。官兵衛にしてみれば自分の一生の記録である。しかし長政にしてみればひょっとすると邪魔な物かもしれないのだ。それで官兵衛は遠慮しいしい長政にその書類を見せたところ、長政は官兵衛の気持ちを汲んで大切に扱ってくれたのだ。

慶長七年正月十六日、官兵衛はまず夢に見ためでたい風景を和歌にして、長政はじめ親族を集めて連歌百韻の会を催した。

松梅や末長かれとみどり立つ山よりつづく里は福岡
慶長七年正月十六日夢想の連歌
朝夕のけふりもかすむ浦半にて　円清（官兵衛）
長閑《のどか》に風のかよふ江のみづ　幸円（官兵衛妻）
まさご地につもれる雪や消ぬらん　長政
こゝにかしこに草の生そふ　御上（長政妻）

その夏、徳川秀忠と家康の母於大《おだい》の方《かた》が京都見物で上京した。長政の内室栄姫《えいひめ》は於大の方の孫であるから官兵衛夫婦と一緒に京に上り、拝謁した。このとき栄姫は妊娠していたので秀忠は栄姫に帯を賜った。於大の方は栄姫に、京で子を産みなさい、と言ったが、官兵衛は、長政の初めての子なので福岡で産ませたい、と婉曲に断った。

秀忠は栄姫のために医師を派遣してあげると約束した。また於大の方は、清水寺《きよみずてら》にお参りすると安産になりますよ、と言ってくれたので、官兵衛たちは清水寺にも参詣《さんけい》した。かつて機略を抱き、群雄と割拠した京を妻と嫁を伴い、のどかに散策する官兵衛であった。

菊の節句の頃、栄姫の臨月が近づいたので、官兵衛たちは筑前に帰った。十一月九日、栄姫は男の子を産んだ。官兵衛はたいへん喜び、万徳と命名し、備前福岡で作られた日光一文字の刀を授けた。これが二代藩主黒田忠之《ただゆき》であった。

慶長八年（一六〇三）になって福岡城の建設も大方のところはできあがったので、官兵衛は城の北西、三の丸の小高い岡に質素な住居を建てて、そこに移った。家の前には玄界灘が広がり、うしろの東西には青々とした背振《せふり》・古処山《こしょさん》脈を背負い、官兵衛は大満足だった。

家の中に召し使う者は軽士四、五人と小者七人、女は妻の侍女五、六人であった。

官兵衛は家臣が訪ね来て歓談するのを歓迎し、ありあわせの酒肴でかつての戦話《いくさ》や先祖の思い出などで時間が経つのも忘れるのであった。

官兵衛は子供を可愛がった。一緒に城下を散歩したり、自分の家に上げて遊ばせたりした。城下を散歩するときには家臣の家に上がりこみ、談笑するのが好きだった。家臣の妻たちもそのうちに官兵衛に慣れ、家の中に誘い、茶を御馳走するのだった。

子供たちは官兵衛の姿を見ると集まってきて官兵衛を囲んだ。官兵衛はときには小鳥や菓子を子供たちに与えた。だから子供たちは官兵衛を誘いに来て、ときには家の中を走りまわり、庭を掘り返ししたものだ。官兵衛はそれを笑って見ていた。

慶長八年正月、官兵衛は北政所《きたのまんどころ》高台院《こうだいいん》を見舞った。秀吉の正室ねねである。徳川の世になって家康に気がねして誰も高台院のところに足を運ぼうとはしなかった。義弟の浅野長政でさえ訪れようとしなかった。

息子長政がねねに世話になったこともあるが、官兵衛はねねを通じて秀吉にものを頼んだこともあり、ねねとは気易い仲でもあった。ねねは官兵衛の訪問を非常に喜んだ。政治の実権はすっかり家康に移り、ねねはますます権力から遠ざかり、寂しげだった。しかしそれはねねばかりではなく官兵衛もそうだった。いくさには勝ったが官兵衛はもう権力の側《そば》にもいない。権力が欲しいわけではないが、権力の近くにいないと燃え上がるものがないのである。それが寂しい。

それでも官兵衛は家康がどのように秀頼を遇していくか、それに興味があった。家康ならきっと豊臣のふところを締めあげていくに違いない。現にいま豊臣の所領を減らしつつある。そして秀頼や淀殿（茶々）が我慢ができなくなるほどに追いつめていくにちがいない。ずいぶん回りくどいやり方だ。やりようによっては家康の評判を悪くし、敵をつくることになる。

自分が家康だったらどうするか。官兵衛はそんなことをときおり考えて時間を過ごす。自分なら、秀吉に替わって秀頼が朝鮮の役の責任を取らせ、それなりの寺院の門主にさせ、無益ないくさで死んだ霊を慰めてもらう。あのいくさは秀吉による、秀吉のためのいくさだった。

この五月、官兵衛は小寺有庵（氏職《うじもと》）のために自分の隠居料を割いて堪忍料《かんにんりょう》を有庵に給与した。堪忍料とは客分の士などに給与する禄のことである。小寺政職の子有庵は長政より二百石の知行を得ていたが、その上に官兵衛が個人で堪忍料を与えたのである。官兵衛は自分を裏切った旧主にも昔日の恩義を忘れてはいなかった。

# 死

慶長八年（一六〇三）官兵衛五八歳

この年の八月、官兵衛は再度上洛して京都猪熊の邸に入った。秀頼から依頼されて九州勧進《かんじん》の用を勤めたのである。その最中に官兵衛は体調を崩した。十一月有馬温泉に行って療養し、そのまま越年して、慶長九年正月、京の邸宅に帰ってきた。

二月の末、官兵衛の病が良くならないので長政は福岡から上洛して昼夜父を見舞った。官兵衛はついにその日が近づいたことを悟り、家老の栗山備後《びんご》（四郎右衛門）を病床に招き、長政の面前で官兵衛が戦場で着用した甲《かぶと》と冑《よろい》を栗山備後に譲与する旨を遺言した。

「今、黒田の子孫がこのように繁栄しているのはこの甲冑《かっちゅう》のおかげである。今日以後、四郎右衛門（備後）はこの甲冑をわしと思え。がんらいこれは筑前（長政）に譲る物なのだが、すこし考えることがあって今これを四郎右衛門に譲る。わしが死んだあとは筑前を自分の子と思って補佐してほしい。また、筑前は四郎右衛門をわしと思ってその諫言《かんげん》に背くことがないようにしてほしい」

長政と四郎右衛門は涙を流しながら、慎んで遺命を守ることを誓った。官兵衛はまた長政に言った。

「寵愛を受けた者の間で追腹《おいばら》（殉死）ということがさいきん流行っている。主人のために追腹《おいばら》を切るとはおかしいことだ。わしと一緒に地獄極楽を合戦のように馳せ回ることもないであろう。一人、二人が追腹を切るというほど可愛がっても、家中全員がそう思わなければ大きな事は成就《じょうじゅ》しないものだ。だからわしが死んだときにはけっしてそのような無益なことはさせないでほしい。わしはただよい家臣を一人でも多く命を伸ばし、大切な子に譲り渡したいと思っているのじゃ」。そして、

「わしが死ぬのは来月の二十日の辰の刻（八時前後）であろう。

わしが死んだら葬儀をハデにしないでほしい。また、仏事をきょくりょく減らしてほ

しい。ただ、国を治め、民を安んずることがわしの生きがいだったから、日ごろそれを心がけてわしの供養としてほしい。わしが死んだらそちは家臣を愛し、民をいたわり、忠臣を用い、悪臣を排除し、弱い者を慈《いつく》しみ、貧しい者を憐み、賢い者と交わり、悪賢い者を疎《うと》んじてくれればわしはどれほどうれしいことやら」

遺言を言い終わると官兵衛は辞世の歌を一首詠んだ。

おもひをく言の葉なくてつゐに行く道はまよはじなるにまかせて

みずから短冊にその歌を書き、名を記して長政に与えた。

三月二十日、辰の刻、予言したとおりの日時になると、官兵衛は長政と栗山備後ら重臣を枕元に招き、さきに長政に与えた辞世の歌を口吟してその声がまだ終わらないうちに端然として亡くなった。五九歳。国中の臣民が父を失ったように悲しんだ。

遺体は京都北区の大徳寺龍光院《りょうこういん》に葬られた。戒名は龍光院殿如水円清と称した。分骨は筑前崇福寺《そうふくじ》（福岡市博多区千代）にある。

官兵衛の訃報を聞いた徳川秀忠は使者を福岡に下し、香典として銀二百枚を贈った。秀忠は官兵衛を「当世の張良」と称えた。いっぽう長政は官兵衛の遺品として家康に備前長光《ながみつ》の刀と茶木入を贈った。


官兵衛の死から十九年後、長政（五六歳）が死に臨んで嫡子忠之《ただゆき》にこう遺言した。

「兵法とは平法である。先公（官兵衛）は平法者であったので、向かう城はたちまち落したが兵を殺すことは少なかった。これはわしにはなかなかできないことであった。また先公は家臣がその職をまっとうしないときには罪に処したが、よくよく考えればその役ができると判断したのはその主《ぬし》の目利き違いだったのだ。そうであれば罪ある臣下よりも悪いのはその主である。その理屈から言えば、政治が正しければ下民が重罪を犯すことはないのである。先公はこのことをくどいようにわしに言っていたので、わしもそちにこの話を遺言とする」

## 妻

官兵衛の妻は播磨志方の城主櫛橋伊定《くしはしこれさだ》の娘光《てる》である。天文二二年（一五五三）生まれ。官兵衛より七歳年下で、美人だった。「才徳兼備」と言われた。十六歳で長政を生んだ。慶長五年の秋、四八歳のときに大坂より乱を逃れて中津に下り、その後、筑前に住んだ。五二歳のときに夫官兵衛が亡くなり、その前より尼となっていた。院号照福院然誉浩《ねんよこう》栄《えい》、雅号幸円《こうえん》と称した。老後、江戸に住んでいたが、七一歳のときに嫡子長政が亡くなり、また筑前に戻り、福岡城本丸の西の住宅に住んだ。寛永四年（一六二七）八月二六日に亡くなった。享年七五。自分が創立した福岡円応寺と夫のいる崇福寺に葬られた。官兵衛や長政とちがって熱心な浄土宗の信徒だった。官兵衛は生涯この妻を裏切ることはなかった。つまり側室を置くのが常識化していたこの時代にあって官兵衛はこの妻だけを愛した。

# 第九章　逸話および遺訓

ある日、官兵衛の家に気の置けない者が集まって四方山話《よもやまばなし》をしていた。ある人が「貴殿の軍略は有名だが、武勇の話は聞いたことがない。何か話はないものか」と訊ねた。すると官兵衛は笑って、

「人には得手不得手というものがあるではないか。わしは槍や刀を取って一騎打ちするのは若い頃より不得手であった。しかし采配を振って一度の敵を千も二千も討ち取ることは得手じゃった。こんなことは改めて言うまでもないことじゃろう」

またこうも言った。

「長政は先頭にたって指揮するので皆が危ないと言う。しかし長政は先頭にたって戦うほうがよい。さもないと戦《いくさ》に負けるかもしれぬ。わしのように本陣にいては長政の場合はいくさに勝つことはできぬであろう」

＊　＊　＊

朝鮮役のとき、日根野備中守《ひねのびっちゅうのかみ》という者が渡朝の命令を秀吉から受けたが、支度が調わず困っているという話を聞いたので、官兵衛は銀三百枚を送ってやった。その後、日根野備中守は帰朝して、官兵衛の家を訪問した。官兵衛は日根野備中守が無事お役目を終え帰朝したことを祝い、酒を出せ、と小姓に言いつけた。そして、酒だけでは何か物足りないので「鯛の中落《なかおち》があるじゃろ、それを吸い物にして出せ」と命じた。それを聞いて日根野備中守は自分が小者だから粗末に扱われているのだろう、と内心不満であった。酒も終わり、日根野備中守が例の銀三百枚と手みやげを差し出すと、官兵衛

は、

「はじめから返してもらうつもりなら貸しはせぬ。貴殿も日本のために御奉公したのじゃから、わしも日本のために御奉公した。これが陰の御奉公というものじゃ。わしがつねづね倹約しておるのはこのようなときに役に立つためにやっておるのじゃ」

それを聞いて日根野備中守はさきほど不快に思ったのを恥じた。日根野備中守は受け取らず、手みやげだけを受け取った。日けっきょく官兵衛は銀三百枚は受け取らず、手みやげだけを受け取った。

根野備中守が帰ってから官兵衛は近習の者に言った。

「さきほど味噌に漬けた鯛を皆で分けよ。それを酒の肴にせよ。備中守は何につけハデじゃから、戒めのために中落の吸い物を出したのじゃ」

＊　＊　＊

官兵衛は何でも華美なものは用いなかった。そして長く手元に置くこともせず、近習の者に売ってしまった。側近の者が「たいしたお金ではないので、与えたらいかがですか」と言うと、官兵衛は笑って、「人から物を貰うのと、自分で買うのとどちらがうれしいか」と聞いた。側近は「それは貰ったほうがうれしいですよ」と答えた。するとは官兵衛は「そこじゃ。貰った者は喜ぶし、貰わなかった者は恨むじゃろ。そうであれば、誰にやり、誰にやらなければよいか、迷うではないか。まちがって功のない者にやってしまえば、功のある者が貰ってもうれしくはないだろう。だからそのようなことがないよう、安く売ってしまうのだ」と言った。

あるとき、近習に皮の足袋《たび》を五文で売り、その手入れも教えてやった。一両日してその近習がその足袋を履いてきた。官兵衛はそれを見て「その足袋は先日わしが売った足袋か」と問うと、近習は「左様でございます。先日御伝授いただきましたように手入れをいたしました」と答えた。

すると官兵衛は「さて、さて、立派になったのう。惜しいことをした。返してくれないかのう」と請うと、近習は「畏まりました。しかしながら手入れは酒などでなめし、手間もかかっておりますのでだいぶ高くなりますがよろしいでございましょうか。新しくお買いになられたほうがよろしいかと存じますが」と言う。官兵衛は「それもそうじゃな。それじゃ、やめにしよう」とニヤリと笑ったのである。

＊　＊　＊

官兵衛の草履取《ぞうりとり》に龍若という者がいたが、いつも悪さをするので官兵衛は柱に縛りつけておいた。上司の者たちがあす詫びて赦《ゆる》しを請うと申し合わせていたところ、官兵衛はその龍若を使いに出した。「この者に瓜を渡していただきたい」との伝言文を持たしたのである。やがて龍若が瓜を持って帰ってきたので、官兵衛は龍若に瓜を二つ与えて、食え、と言った。これで龍若も上司たちも罪が免れたと思ったが、そうはいかなかった。官兵衛はまた龍若を柱に縛りつけてしまったのである。そのうちに龍若に掃除などさせ、また同じように縛りつけてしまった。そんなことを繰り返し、三日目にやっと龍若は解放された。

お伽《とぎ》坊主が官兵衛に「ずいぶん変わった折檻でございますね」と問うと、「懲らしめのために縛ったが、縛りつけておけば縄の跡がついてしまう。途中で用事を言いつければ有効に人を使えるし、縄のあともつかぬ。しかもこのように緩々《ゆるゆる》と折檻をしたほうが懲《こ》りるじゃろ」と笑って答えた。

＊　＊　＊

総じて人には相性、不相性というものがある。主君も家臣を使うのにこれが出ることがある。相性の合う家臣が善人であれば国の重宝となる。悪人であれば国の妨げになる。このことは大事なことだ。相性が合うからといって心を奪われてはならぬ。しかし相性が合うのでつい相手の悪事を見逃すこともある。だからこの者を近づけるときにはじゅうぶん注意をしなければならぬ。

逆にそちたちも相性・不相性で処置が誤ることもあるだろう。相性のいい者には悪も善と思うものだ。また不相性の者には善も悪と思うものだ。道理も無理と思い誤るものだ。このように相性・不相性によって対応にも不公平が出るものだから、このことはよくよく気をつけなければならぬ。

＊　＊　＊

子の養育係は慎重に選ばなければならぬ。養育係は昼夜そばを離れずに教訓する職なので、子の気質によってその人を選択しなければならぬ。

その子の性格が静かで・和やかで・外観はおおようで・物事にこだわらず・少々抜けて見えるが内面は馬鹿ではない子には、忠実で・智恵もあり・何事もきちんとしていて・能弁の人物がいい。

またその子が利発っぽく・人を侮り・小賢しく・遠慮のない者には、実直で・考え深く・茫洋として・物に動ぜず・言葉が少なく・軽挙妄動のしない者をつけたほうがよい。ほかの性格の子もこの例にならって選択すべきだ。

さて、養育係は主君もその者を丁重に扱い、威厳がつくようにしたほうがよい。もし軽く扱って威厳が薄くなると、子もその者を侮り、ないがしろにして、諌めを聞かなくなる。最後には二人の間は疎遠になり、険悪な関係になってしまう。

人間というものは、当初身分が低くのちに大名となっても、初めの頃の苦労を忘れ、民の苦痛を感じなくなるものだ。まして大名の家に生まれ、毎日ちやほやと育てられ、人の苦労を知らない者は、家臣には辛くあたり、民を憐《あわれ》むことをしないので、最後には民が離散してしまい、国も疲弊してしまう。

だから養育係はよくよく吟味して選定すべきだ。

＊　＊　＊

神の罰より主君の罰をおそるべし。主君の罰より臣下百姓の罰をおそるべし。

そのゆえは神の罰は祈りてまぬがれるべし。主君の罰は詫びれば許されるべし。ただ臣下百姓にうとまれては必ず国家を失うゆえ、祈りても詫びてもその罰はまぬがれがたし。ゆえに神の罰、主君の罰よりも臣下万民の罰はもっともおそるべし。

＊　＊　＊

国を守ることは世の常の人と同じ心構えでは難しい。まず政道に私心なく、そのうえ態度を乱さず、万人の手本とならなければならぬ。また好きずきを慎まなければならぬ。臣下は必ず主君のまねをするものだからだ。

文武は車の両輪のように一方を欠いてもダメなものだ。大将文道を好むというのは文字をたしなむことではない。誠の道を求め、諸事について吟味工夫をして、筋目を違《たが》えず、間違いをないようにして、善悪を質《ただ》し、賞罰をあきらかにし、心を憐み深くすることをいう。

また大将武道を好むというのは、もっぱら武芸を好み、心が勇ましいことをいうのではない。軍の道を知って、つねに乱を鎮《しず》める知略をし、武勇の道に志して、油断なく士卒を訓練し、功ある者に恩賞を与え、罪ある者に刑罰を施《ほどこ》し、剛勇と臆病を峻別《しゅんべつ》し、平時に合戦を忘れないことをいうのである。武芸をもっぱらにして一人働きを好むのは匹夫《ひっぷ》の勇にして小身なる侍のたしなみであって、大将の武道ではない。

＊　＊　＊

大将たる人は威というものがなくては万人を抑えることはできぬ。しかし無理に自分に威を作ろうとするのはかえって大きな害となるものである。それはただ諸人に怖がられるようにするのを威と心得るので、人は諫めも言わなくなり、近寄らなくなる。臣下は忠義心を失い、保身のみ考え、奉公に努めることはなくなる。

誠の威というものはまずその身を正しく、理非賞罰をあきらかにして、人を叱り脅すことがなくとも臣下万民が敬《うやま》い畏《おそ》れ、上をあなどり法を軽んずる者がいなくなることを、威がそなわる人物というのである。

＊　＊　＊

これらの遺訓に基づき、後年、長政は毎月一回、福岡城の本丸に家臣を集めて会議を開き、政治の善悪、君臣の落度などを遠慮会釈なく論議させた。この会を称して「異見会」と言った。会場の床の間に禅月大師《ぜんげつたいし》（唐末の禅僧）が画いた釈迦の掛け物がかかっていたので別名「釈迦の間の会議」とも称した。この会は明治四年の廃藩置県まで続いた。

# おわりに

黒田官兵衛は戦いを称して、「草鞋《わらじ》片足と木履《ぼくり》（下駄）片足」と言った。互いに傷つけ合うのだから、戦いとはそのような不首尾なものなのである。「軍靴一対」の万全で、理想的な状態で戦う戦いなどはないのである。それを官兵衛はこのように表現した。なかなか旨い表現で、官兵衛の頭の良さを覗わせる表現だ。

戦争は人間の営為の中でもっとも総合的な知能を必要とする行為である。それは時間的な意味合いにおいても、政治・経済・科学よりも人間の全知全能を必要とする。刻々変化する状況に応じて即決即断をしなければならないからである。そのような戦いにおいて生涯負けを知らなかった官兵衛はなんと頭のよい男だったのか。

官兵衛も自分のそのような才能を自覚していたから天下を夢見たことは想像に難くない。関ヶ原の合戦中、九州平定を画策した折には明らかにそのことが視野にあった。勝負師官兵衛の面目躍如たるものがあった。だから関ヶ原の戦いがあっけなく勝敗が決したことに官兵衛は生涯最大の無念を覚えたことだろう。官兵衛ばかりではなく、その後の日本の国民は痛快談をひとつ失ってしまった。

野心はどの時代の誰にもあることだが、黒田官兵衛は現代においてもその四百年の古さを失っていないものが二つある。それは企業戦争という現代の戦争における即決即断性と人を愛するヒューマニティである。

グローバル化した企業戦争の中では、じっくり時間をかけて戦略を練る、などということを許さないものがある。即決即断の要素が増えてきた。企業は官兵衛のような稀有の才能の必要性が増しているのである。最近の日本企業の衰退は「現代の官兵衛」が少ないからなのではないか。平準化が蔓延しているのではないか。

もう一つは官兵衛の人に対する目線である。これはあの封建時代にもかかわらず、現代人の目線と何ら変わる所がない。他者に対する目線、家臣に対する目線、息子・妻に対する目線など、みな優しく、自分と同じ高さの目線である。これもあの時代においては稀有の心情ではなかったのか。キリスト教に帰依したのもこの心情が影響していたのだろう。

官兵衛のこのヒューマニティはどのようにして培われたものだろう。決して幼い頃の苦労によるものだけのことではないだろう。幼い頃の苦労が万能の薬ならば、秀吉の晩年の狂気は理解できないものになってしまう。

官兵衛のヒューマニズムは幼い頃の苦労に加えて、その稀有の知能によるものではないのか。先祖の苦労、自分の苦労という財産が先ずあった。その上に自分の稀有の知能が母親ゆずりの文で磨きがかかった。加うることのキリスト教と禅。全貌はつかめないが、おそらくそんな所だろう。とにかく黒田官兵衛は現代においても退色はないのである。書いていて飽きないところがある。

最後にこのような機会を与えてくれた明日香出版社の社長はじめ社員の皆さまや大学時代の友人である石野誠一相談役に改めて感謝する次第です。また資料を提供してくれた高校時代の友人である高橋侃治氏に感謝致します。

## 参考文献

『新訂黒田家譜　第一巻』　川添昭二、福岡古文書を読む会　文献出版　一九八三年
『古郷物語』　国史研究会　国史叢書　大正五年
『名将言行録』　岡谷繁実　文成社　一九〇九年
『黒田如水伝』　金子堅太郎　博文堂　大正五年
『史伝　黒田如水』　安藤英男　学研M文庫　二〇〇一年八月
『文禄・慶長の役』　上垣外憲一　講談社学術文庫　二〇〇二年四月
『関ヶ原合戦』　二木謙一　中公新書　一九八二年二月

## 官兵衛年譜

| 年号 | 西暦 | 年齢 | 事項 |
|---|---|---|---|
| 天文一五 | 一五四六 | 一 | 十一月二十九日生。父小寺職隆、母明石氏の娘。幼名万吉。 |
| 天文二一 | 一五五二 | 七 | この頃、僧・円満に師事する。 |
| 永禄二 | 一五五九 | 一四 | 十一月、母死す。 |
| 永禄三 | 一五六〇 | 一五 | 文学に興味を持つ。円満に諫められる。武道に専念する。 |
| 永禄四 | 一五六一 | 一六 | 小寺政職の近習となる。禄八十石を賜る。 |
| 永禄五 | 一五六二 | 一七 | 近在の土豪と戦う。初陣。この頃元服し、諱《いみな》を孝高《よしたか》と改める。通称は官兵衛。小寺姓。 |

| | | | |
|---|---|---|---|
| 永禄七 | 一五六四 | 一九 | 祖父重隆死す。 |
| 永禄八 | 一五六五 | 二〇 | 栗山四郎右衛門が出仕する。 |
| 永禄一〇 | 一五六七 | 二二 | 志方城主　櫛橋伊定の娘幸円と結婚、家督を継ぐ。 |
| 永禄一一 | 一五六八 | 二三 | 十一月、松寿丸生まれる。 |
| 永禄一二 | 一五六九 | 二四 | 五月、青山・土器山の合戦で龍野城主赤松政秀を破る。六月、赤松勢が再来襲。官兵衛苦戦するも、夜襲にて勝利。母里《もり》太兵衛が出仕する。 |
| 天正三 | 一五七五 | 三〇 | 七月、岐阜城にて信長・秀吉と面談する。 |
| 天正四 | 一五七六 | 三一 | 五月、英賀合戦において勝利する。 |
| 天正五 | 一五七七 | 三二 | 十月、松寿丸を人質として信長に差しだす。十月、秀吉を姫路城に迎え、城を提供する。十一月、佐用城・上月城を落す。 |

| | | | |
|---|---|---|---|
| 天正六 | 一五七八 | 三三 | 三月、三木城主別所長治が謀反する。十月、荒木村重が謀反。同時に小寺政職も荒木に連動する。荒木の有岡城に出向いて説得を試みるが、捕われる。 |
| 天正七 | 一五七九 | 三四 | 六月、竹中半兵衛死す。十月、有岡城落城。家臣によって救出される。 |
| 天正八 | 一五八〇 | 三五 | 一月、三木城陥落。二月、小寺政職逃亡する。姓を黒田に戻す。六月、居城を国府山城に移す。九月、一万石を所領し大名となる。山崎城を築いて移る。 |
| 天正九 | 一五八一 | 三六 | 三月、一万石を加増され二万石となる。六月、秀吉と鳥取城攻め。 |
| 天正一〇 | 一五八二 | 三七 | 四月、備中高松城主清水宗治を水攻めする。六月二日、本能寺の変。同四日、高松城にて対峙する毛利と講和し、中国大返しを提案する。六月十三日、山崎において明智光秀を破る。 |
| 天正一一 | 一五八三 | 三八 | 一月、大坂城築城。普請奉行となる。四月、賤ヶ岳の戦いで柴田勝家を破る。キリスト教の洗礼を受ける。洗礼名ドン・シメオン。 |

| | | | |
|---|---|---|---|
| 天正一二 | 一五八四 | 三九 | 四月、小牧・長久手の戦い。長政が蜂須賀正勝の娘と結婚する。 |
| 天正一三 | 一五八五 | 四〇 | 六月、四国平定に従軍する。七月、長宗我部降伏。八月、父職隆死す、六十二歳。 |
| 天正一四 | 一五八六 | 四一 | 三月、従五位下に叙せられる。七月、九州平定に従軍する。 |
| 天正一五 | 一五八七 | 四二 | 五月、九州平定。七月、豊前六郡を賜る。 |
| 天正一六 | 一五八八 | 四三 | 中津城が完成し、本拠を中津に移す。四月、城井谷城主宇都宮鎮房を中津にて謀殺する。 |
| 天正一七 | 一五八九 | 四四 | 五月、隠居して家督を長政に譲る。 |
| 天正一八 | 一五九〇 | 四五 | 三月、小田原征伐に従軍。六月、北条への使者として講和をまとめる。 |
| 天正一九 | 一五九一 | 四六 | 二月、利休死。八月、肥前に赴き、名護屋築城の縄張りを行う。 |

| | | | |
|---|---|---|---|
| 文禄元 | 一五九二 | 四七 | 三月、文禄の役。五月、漢城で軍略を議する。九月、一時帰国する。 |
| 文禄二 | 一五九三 | 四八 | 二月、浅野長政と再度渡朝、このとき石田三成と諍いする。七月、無断帰国。秀吉の勘気を被る。剃髪して「如水」と号する。 |
| 文禄三 | 一五九四 | 四九 | 八月、罪を許される。 |
| 慶長元 | 一五九六 | 五一 | 慶長の役始まる。 |
| 慶長二 | 一五九七 | 五二 | ふたたび朝鮮に渡る。倭城築城に携わる。六月、小早川隆景死す。 |
| 慶長三 | 一五九八 | 五三 | 一月、朝鮮軍を梁山で破る。八月、秀吉死す。十月、朝鮮より撤兵。 |
| 慶長四 | 一五九九 | 五四 | 三成と家康との確執が表面化する。十二月、中津に帰国する。 |
| 慶長五 | 一六〇〇 | 五五 | 六月、長政再婚する。家康会津征伐出陣する。九月十五日、関ヶ原の合戦。九月、九州平定へ出陣する。十二月、長政、筑前五十二万石を賜る。 |

| | | | |
|---|---|---|---|
| 慶長六 | 一六〇一 | 五六 | 福崎を福岡と改名し、ここに福岡城を着工。 |
| 慶長七 | 一六〇二 | 五七 | 十一月、第二代藩主忠之誕生。 |
| 慶長八 | 一六〇三 | 五八 | 一月、上洛、高台院を見舞う。十一月、有馬温泉にて越年する。 |
| 慶長九 | 一六〇四 | 五九 | 一月、京都伏見の藩邸に帰る。三月二十日、同藩邸で死す。 |

■著者略歴
不破　俊輔（ふわ　しゅんすけ）
1942年6月11日生
早稲田大学卒業

著作
『ハウカセの大きな石』
（北海道出版企画センター／2007年5月）
『なぜ会社は大きくすると潰れるのか』
（明日香出版社／2008年5月）
『シーボルトの花かんざし』
（北海道出版企画センター／2012年8月）
『新島八重その生涯』
（明日香出版社／2012年9月）
『シャッター街のクロニクル　―わがふるさと滝川の場合―』
（北海道出版企画センター／2013年2月）

本書の内容に関するお問い合わせ
明日香出版社　編集部
☎(03) 5395-7651

黒田官兵衛《くろだかんべえ》その生涯《しょうがい》

2013年　9月　14日　初版発行

著　者　不《ふ》破《わ》俊《しゅん》輔《すけ》
発行者　石野栄一

明日香出版社
〒112-0005 東京都文京区水道2-11-5
電話 (03) 5395-7650（代表）
(03) 5395-7654（FAX）
郵便振替 00150-6-183481
http://www.asuka-g.co.jp

■スタッフ■　編集　早川朋子／久松圭祐／藤田知子／古川創一／田中裕也／余田志保
営業　小林勝／奥本達哉／浜田充弘／渡辺久夫／平戸基之／野口優／横尾一樹／関山美保子
総務経理　藤本さやか

印刷　株式会社文昇堂
製本　根本製本株式会社
ISBN 978-4-7569-1644-0 C2021


編集担当　田中裕也

# 新島八重その生涯

不破　俊輔

同志社の母、新島八重の生涯がわかる本。
八重の一生を、周辺人物などを含め知ることができる。
歴史書の要素と文芸書の要素とを兼ね備えた、読み易く、
また歴史も知ることができ、一石二鳥の本。
2013 年 NHK 大河ドラマの予習がしっかりできる 1 冊。

定価 1575 円　B6 並製　256 ページ
ISBN978-4-7569-1581-8　2012/09 発行

# 新島八重のことが
# マンガで３時間でわかる本

津田　太愚

時代は明治維新という大きな動乱のなか、女性ながらも銃をたずさえ戦に加わり、男性顔負けの活躍を見せ、幕末のジャンヌ・ダルク、日本のナイチンゲールと言われた新島八重の一生をマンガで紹介する。


定価 1365 円　A5 並製　200 ページ
ISBN978-4-7569-154198　2012/10 発行

# おさらい3時間！
# 日本史のイロハ

大迫　秀樹

2012年4月からゆとり教科書に代わり10年振りに改訂された中学校の教科書をすべて入手。その教科書ではどのように解説されているのか、昔と現在のちがいがわかります。

定価 1470 円　B6 並製　240 ページ
ISBN978-4-7569-1577-1　2012/09 発行

# 日本の歴史が３時間で大つかみしてしまえる本

監修：髙野　尚好

古代日本から現代まで、歴史の重要なポイントをおさえてわかりやすく解説。各時代の概要もまとめていますのでその時代背景も完璧に理解できます。豊富な図版とイラストでどなたでもわかりやすく歴史が学べます。

定価 1575 円　A5 並製　232 ページ
ISBN978-4-7569-1216-9　2008/08 発行